禁毒教育手册

王锐园 主编

中国法制出版社
CHINA LEGAL PUBLISHING HOUSE

图书在版编目(CIP)数据

禁毒教育手册 / 王锐园主编. —北京：中国法制出版社，2023.4

ISBN 978-7-5216-3248-4

Ⅰ. ①禁… Ⅱ. ①王… Ⅲ. ①禁毒－中国－通俗读物 Ⅳ. ①D669.8-49

中国国家版本馆CIP数据核字（2023）第020910号

责任编辑：秦智贤（qinzhixian@zgfzs.com） 封面设计：周黎明

禁毒教育手册

JINDU JIAOYU SHOUCE

主编 / 王锐园

经销 / 新华书店

印刷 / 三河市国英印务有限公司

开本 / 880毫米 × 1230毫米 32开 印张 / 4.75 字数 / 98千

版次 / 2023年4月第1版 2023年4月第1次印刷

中国法制出版社出版

书号 ISBN 978-7-5216-3248-4 定价：24.00元

北京市西城区西便门西里甲16号西便门办公区

邮政编码：100053 传真：010-63141600

网址：http://www.zgfzs.com 编辑部电话：010-63141798

市场营销部电话：010-63141612 印务部电话：010-63141606

（如有印装质量问题，请与本社印务部联系。）

目录

第一章　认识毒品

第四章　毒品犯罪

第五章　毒情与禁毒工作

第一章　认识毒品

第一节　毒品的概念与管制状况

一、什么是毒品？

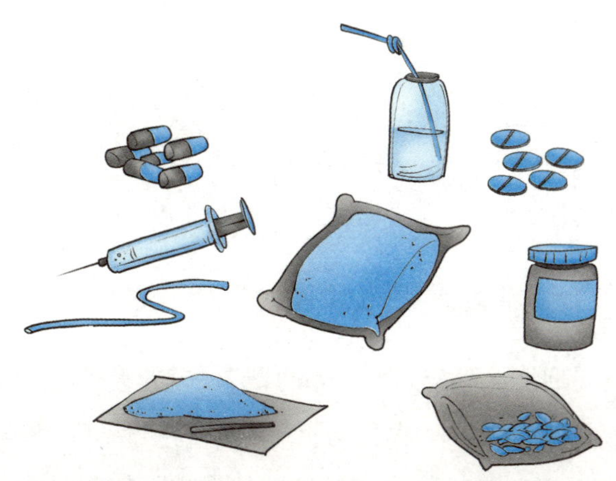

说起毒品，你会想到什么？是冰毒还是海洛因？是鸦片战争还是湄公河行动？诚然，对于毒品，不同人群、不同学科有着不同的理解和界定。这是因为毒品本身就兼具多重属性，普通人观念当中的“毒品”、医学意义上的“毒品”、法律意义上的“毒品”存在很大的差异。

我们来思考两个问题：第一，让人上瘾的东西就是毒品吗？第二，毒品和药品是一回事吗？

对于第一个问题，我们很容易作出解答，答案是错，并非所有让人上瘾的东西都是毒品。我们可以随便列举出许多让人上瘾的物质或事物，如烟草、酒精；还有一些听起来比较不可思议的，如汽油、强力胶等，其因为含有挥发性有机溶剂，也会使人形成瘾癖；除此之外，游戏、网络也会使许多人沉迷。但我们很容易判断，这些物质或事物，都不是毒品。逻辑很简单，如果这些东西是毒品，那么抽烟、喝酒以及整天抱着手机玩游戏的人，早就被警察抓走了。

对于第二个问题，就存在不同的答案了。有人说，毒品就是药品，只是叫法不同；也有人说，毒品和药品根本不是一回事，两者没有任何关系。客观地讲，毒品和药品不是一回事；但如何准确区分毒品和药品，则需要我们深入思考和讨论。

（一）法律上的毒品

根据《刑法》第357条、《禁毒法》第2条第1款的规定，毒品是指鸦片、海洛因、甲基苯丙胺（冰毒）、吗啡、大麻、可卡因以及国家规定管制的其他能够使人形成瘾癖的麻醉药品和精神药品。

法律在毒品定义的表述中，列举了6种常见毒品，分别是鸦片、海洛因、甲基苯丙胺（冰毒）、吗啡、大麻和可卡因。除此之外，符合下列条件的物质也属于毒品：第一，国家规定管制的。如果国家没有管制，无论成瘾性多强都不能被当作毒品，例如，烟草、酒精便没有被国家当作毒品管制，不能被叫作毒品。第二，能够使人形成瘾癖的。某些化学品可能被国家管制，但不具有成瘾性，也不能被叫作毒品。第三，属于麻醉药品和精神药品。三个条件缺一不可。

（二）毒品的特征

1.毒品具有依赖性。依赖性有时也称为成瘾性，是由于长期、反复服用毒品，使得毒品与机体相互作用而引起的心理和生理状态。毒品的依赖性可以分为生理依赖和心理依赖。（1）生理依赖是行为人在服用毒品后身体形成的适应状态，即只有保持相应的剂量，机体才能保持正常状态，一旦剂量不足，就会不适应、不舒服。（2）心理依赖是行为人在服用毒品后产生的一种精神状态，是行为人渴求体验吸毒带来的欣快感，持续追求心理满足的一种状态。如果说生理依赖可以通过一定的物理隔离、药物治疗等方式戒断，那么心理依赖则需要通过更长的时间慢慢消退。禁毒实践中有句名言，“一朝吸毒，十年戒毒，终生想毒”，充分表明了毒品的依赖性，也揭示了心理依赖的顽固性。

2.毒品具有危害性。毒品的危害性不仅仅体现在对吸毒人员的身体和心理产生的伤害上，还体现在对吸毒人员的家庭、对社会所造成的严重危害上。许多吸食毒品的人寿命缩减，患上传染病，引发强迫、顽固、多疑等一系列心理问题，进而导致家庭关系破裂；由于吸毒后，人的许多行为是不受控制的，也必然会对社会公众的安全和健康构成威胁。实践中有许多鲜活的案例提醒着我们：有的人因吸毒致幻亲手砍杀自己的母亲，有的人吸毒后将幼儿从楼上扔下，有的人吸毒后驾驶机动车冲向公交站台。毒品的危害具有直接性，我们只有真正了解了毒品的危害，才能真正从内心拒绝毒品，选择绿色、健康的生活方式。

3.毒品具有法定性。法定性是毒品认定的依据和要求，哪种物质是毒品，哪种物质不是毒品，法律说了算。在我国，所有的毒品种类都是由国家明确规定的，有具体且明确的毒品目录。未被列入毒品目录的物质，即使成瘾性再强，也不能被当作毒品。比如烟草和酒精，国家并未将其列入毒品目录，所以不能将其当作毒品看待。

（三）毒品和药品的区别

我们可以从毒品的三大特征入手来区分毒品和药品：（1）毒品具有依赖性，虽然有的药品也具有依赖性，但不是所有的药品都具有依赖性，控制在一定剂量的药品能够治病救人，不会产生依赖。（2）毒品具有危害性，而药品的危害性主要表现在滥用或者不遵医嘱等方面，所以说，药品的危害性是有一定前提的，而毒品本身就具有危害性。（3）毒品具有法定性，毒品是法律规定管制的，也就是说，只有列入毒品目录的物质才是毒品。药品则不然，一般的药品没有被列入毒品目录，自然不是毒品。

但是，毒品和药品之间的区分并不是绝对的。有的精神药品和麻醉药品也被称为毒品，一些我们在生活中称为毒品的物质，如杜冷丁等，是医学上常用的麻醉药品，但只能在医疗上依法使用，不能流入非法渠道。

（四）毒品和其他相似概念

除了药品，毒品和毒物、成瘾物质、兴奋剂等也有着相近的概念，在实践中应当予以区分。（1）毒物的范围比较广，某种意义上毒品也属于毒物的范畴，毒物还包括我们常说的毒药，如敌敌畏、老鼠药等。（2）成瘾物质包括烟草、酒精、咖啡等，但不是所有的成瘾物质都属于毒品，二者的区分主要在法律上。（3）兴奋剂概念在体育学上广泛使用，如运动员禁止服用兴奋剂等。兴奋剂和毒品存在交叉关系，毒品目录中的一些物质属于兴奋剂。兴奋剂除了包括一些毒品物质外，还包括其他未被纳入毒品目录的物质，在现实生活中要加以区分和辨别。

二、毒品的分类

（一）天然毒品、半合成毒品以及合成毒品

以毒品的来源为标准，可以将毒品分为天然毒品、半合成毒品以及合成毒品。

1. 天然毒品，是指直接从毒品原植物中提取的毒品。这类植物一般都需要一定的生长周期，对气候、湿度、土壤等条件都有一定的要求，最常见的天然毒品就是鸦片，其来自毒品原植物罂粟。

2. 半合成毒品，是指由天然毒品与化学物质合成的毒品。比如海洛因，它是从天然毒品鸦片中提取出植物碱，然后再加入醋酸酐等化学物质，最后合成海洛因。

3. 合成毒品，是指完全用有机合成的方法制造出来的毒品。最常见的合成毒品就是冰毒，其是完全用化学物质合成的。

（二）抑制剂、兴奋剂和致幻剂

按照药理作用划分，可以将毒品分为抑制剂、兴奋剂和致幻剂。

1. 抑制剂，是指服用后会减弱中枢神经系统活动，能够引起镇静和放松的毒品类型，这类物质常常也有催眠的作用。如被称为迷药的三唑仑，就属于抑制剂。

2. 兴奋剂，是指服用后会刺激中枢神经系统，使人兴奋的毒品类型，这类毒品常常会使人强迫性地持续某种行为。摇头丸就属于兴奋剂，服用摇头丸后，大脑皮层会感到兴奋，会随着音乐的节拍手舞足蹈、疯狂地摇头，这就是兴奋后的结果。

3.致幻剂，是指服用后会使人产生幻觉的毒品类型，有的人服用致幻剂后甚至会出现思维分裂的症状，比如大麻。滥用大麻可严重损害人体的精神状况，有的人在服用大麻后产生幻觉，认为自己变成了猪、牛等动物；可能还会激发一些怪异的行为，如傻笑、哭泣、大喊大叫等。

（三）麻醉药品和精神药品

按照毒品的自然属性划分，可以将毒品分为麻醉药品和精神药品。

1.麻醉药品，是指对中枢神经有麻醉作用，容易使人产生生理依赖的物质。一般来讲，鸦片类和大麻类的物质都属于麻醉药品。当麻醉药品在严格管理下合理使用时，其具有一定的临床价值。

2.精神药品，是指直接作用于中枢神经系统，能够引起兴奋或抑制的物质。苯丙胺类的物质一般都属于精神药品。在我国，精神药品分为一类精神药品和二类精神药品，受到非常严格的监管。

（四）传统毒品和新兴毒品

按照流行时间划分，可以将毒品分为传统毒品和新兴毒品。

1.传统毒品，是指那些流行时间较早的毒品，比如鸦片、海洛因。

2.新兴毒品，是指近期流行的毒品，或者说流行时间较晚的毒品，比如冰毒、摇头丸、致幻蘑菇等，由于后来才流行开来，所以被叫作新兴毒品。[①]

（五）软性毒品和硬性毒品

按照作用程度划分，毒品还可以分为软性毒品和硬性毒品。

1.软性毒品，是指毒性相对较小的毒品种类，比如大麻，有极个别的国家基于此原因，实施了大麻合法化政策。

2.硬性毒品，是指毒性较大、较强的毒品，服用这类毒品对身体产生的危害较大，比如冰毒、海洛因等。

必须指出的是，无论是软性毒品，还是硬性毒品，长期服用都是会使人成瘾的，千万不要相信“软性毒品不上瘾”的说法。社会公众特别是青少年，对于毒品要保持高度警惕。

通过上述分类，我们可以看出，一种毒品可以归属于不同的类别。比如冰毒，它属于合成毒品，同时也属于新兴毒品、硬性毒品。合理科学的分类能够为识毒、防毒、拒毒工作提供支撑，因此，掌握毒品的分类是必要的，也是有益的。

三、我国毒品管制状况

（一）我国毒品目录与管制毒品数量

我国对毒品的定义采取的是“列举+概括”模式。在毒品定

---

① 在这里，我们引入了“新兴毒品”的概念，实践中往往采用“新型毒品”的叫法。本书认为，所谓的“新型毒品”中，有许多也含有传统毒品的成分，只是在包装、形状等方面进行了改进。所以，与传统毒品相对应的概念并非“新型毒品”，而是最近一段时期兴起的毒品。整体而言，“新兴毒品”的提法更适宜。

义的表述中，首先列举了常见的毒品种类，其次对毒品进行了概括性表述，最后配以相应的毒品目录来说明何谓“其他”毒品。根据《麻醉药品和精神药品管理条例》《非药用类麻醉药品和精神药品列管办法》的相关规定，目前，我国的毒品目录一共有三个，分别是《麻醉药品品种目录》《精神药品品种目录》《非药用类麻醉药品和精神药品管制品种增补目录》，这三个目录中所列管的毒品总数即为我国管制的毒品数量。

具体而言，《麻醉药品品种目录》(2013年版)列管了121种麻醉药品；《精神药品品种目录》(2013年版)列管了149种精神药品；《非药用类麻醉药品和精神药品管制品种增补目录》在2015年一次性列管了116种新精神活性物质。[①]那么，我国管制的毒品数量是不是386种(121+149+116)呢？显然不是。因为毒品种类会随着社会发展而不断变化，一些新的成瘾物质不断出现，国家会根据现实情况和需求对其进行评估，进而决定是否将其列入毒品目录，所以说，毒品的范围不是一成不变的，而是不断调整的。

(二)毒品管制变化

近年来，《麻醉药品品种目录》没有变化，但《精神药品品种目录》和《非药用类麻醉药品和精神药品管制品种增补目录》则产生了较大变化。

① 《非药用类麻醉药品和精神药品管制品种增补目录》是根据2015年10月1日施行的《非药用类麻醉药品和精神药品列管办法》制定的，又被称作管制新精神活性物质的目录。

《精神药品品种目录》（2013年版）列管了149种精神药品，后该目录经过了3次增补。自2015年5月1日起，含可待因复方口服液体制剂1种物质列入该目录；自2019年9月1日起，含羟考酮复方制剂等3种物质列入该目录；自2020年1月1日起，瑞马唑仑（包括其可能存在的盐、单方制剂和异构体）1种物质列入该目录。因此，《精神药品品种目录》的药品管制数量为154种（149+1+3+1）。

2015年，《非药用类麻醉药品和精神药品管制品种增补目录》一次性列管了116种新精神活性物质。自2017年3月1日起，卡芬太尼等4种芬太尼类物质列入该目录；自2017年7月1日起，U–47700等4种新精神活性物质列入该目录；自2018年9月1日起，包括4–氯乙卡西酮等32种物质列入该目录；自2021年7月1日起，氟胺酮等18种物质列入该目录。因此，《非药用类麻醉药品和精神药品管制品种增补目录》管制的毒品数量为174种（116+4+4+32+18）。

以上三个目录列管的毒品总数即为我国管制的毒品数量，即121+154+174=449。所以，我们似乎可以得出结论，目前我国管制的毒品数量为449种。

但这个结论也有待商榷，为什么呢？因为下面的这两个公告：2019年4月，公安部、国家卫生健康委员会、国家药品监督管理局联合发布公告，自2019年5月1日起，将芬太尼类物质列入《非药用类麻醉药品和精神药品管制品种增补目录》。2021年3月，公安部、国家卫生健康委员会、国家药品监督管理局联合发布公告，自2021年7月1日起，将合成大麻素类物质整类列管。

也就是说，我国已经对芬太尼类物质和合成大麻素类物质施行整类列管。什么是整类列管？简单来讲，就是具有与芬太尼或合成大麻素相同或相似化学结构式的物质，都属于被管制对象，都属于法律意义上的毒品。整类列管能够有效地应对不法分子为逃避打击而对管制毒品进行化学结构修饰的行为。由于芬太尼类物质和合成大麻素类物质可能有成千上万种，那么，我国管制毒品的数量还有一个明确的数字吗？

所以，对于我国毒品管制情况，一个较为合理的表述为：我国目前管制的毒品为449种物质+芬太尼类物质和合成大麻素类物质。

第二节 常见的毒品种类

你能说出10种以上毒品吗？这个问题对于普通大众、专业人士甚至禁毒警察而言，并不是一个容易答出来的题目。对于鸦片、冰毒、大麻、海洛因这些毒品，我们较为熟悉，但是那些名称看起来复杂、读起来更拗口的毒品，如赛洛西宾、哌醋甲酯等，我们又了解多少呢？我们应当对毒品种类有所了解，以增强抵制毒品、远离毒品的科学性和全面性。

一、罪恶之源——鸦片

你可能没听过阿拉伯茶，没听过芬太尼，但是鸦片这一毒

品类型，你一定听过。鸦片对于每一名中国人而言，都具有特殊的警示意义。中华民族曾经在很长一段时间内饱受鸦片的侵害，1840年至1842年，英国对中国发动了一场非正义的侵略战争——鸦片战争，这也是中国近代屈辱历史的开端。著名的虎门销烟事件中的“烟”就是鸦片。

（一）鸦片的由来

鸦片，又称阿片，俗称大烟、烟土等。它是从罂粟植物中提取而来的，外观上一般呈黑色或褐色，可以说，鸦片是最传统的毒品类型之一，是传统毒品的代表。

“鸦片”这个名字的由来经历了很长时间。鸦片最开始是希腊人发现的，公元前5世纪左右，希腊人把罂粟的花、果榨汁入药，发现它有安神、安眠、镇痛的功效，于是把这类物质称为罂粟汁（音译为“阿扁”）。公元6世纪初，阿拉伯人把罂粟传到了波斯，波斯人把“扁”这个字读成了“片”，“阿扁”也就变成了“阿片”。公元七八世纪的时候，罂粟被作为药材从印度等地传入中国，中国人把“阿”音又发成了“鸦”音，从此，在中国就有了“鸦片”一词。①

（二）鸦片的产地与品种

鸦片的主要产地为金三角地区和金新月地区。金三角地区是位于泰国、缅甸和老挝三国边境地区的一个三角形地带；另一个主要产地就是金新月地区，位于阿富汗、巴基斯坦和伊朗三国的交界地带，因地形与月亮相似，故被叫作金新月地区。

鸦片的品种包括哪些呢？（1）生鸦片。这是鸦片最初的形态，将罂粟未成熟的蒴果割开后，流出白色浆汁，最终凝结成的深褐色膏状物就是生鸦片，也称生烟土或烟膏。（2）熟鸦片，又称为精制鸦片。将生鸦片用水浸泡、混合后加热，去除罂粟叶等杂质，最终凝固成的深褐色块状物质就是熟鸦片，熟鸦片一般具有较为香甜的气味。（3）鸦片制品，包括鸦片粉、鸦片液等。这类品种主要是合法生产的药用鸦片，常常在医疗上使用，具有镇静、止痛、止泻、止咳的功效。

生活中，我们经常听到“罂粟壳”这个词，罂粟壳就是罂粟的果壳，也是制取鸦片的主要原料，事实上它也是毒品的一种。

---

① 罗其精：《鸦片传入我国前后——兼谈“鸦片”一词的来历》，载《吉首大学学报（社会科学版）》2003年第3期。

我们时常会看到一些黑心餐饮商家使用罂粟壳的新闻报道，如一些火锅店、奶茶店、炸鸡店等。在食物中添加罂粟壳吸引消费者，对此必须高度警惕，因为长期食用罂粟壳是会成瘾的，对我们的身体也会造成损害。所以在日常外出就餐时，如果发现对某种食物“欲罢不能”，一定要多加小心，有可能是罂粟壳在作怪。

（三）鸦片的危害

鸦片的药理作用主要是由吗啡、可待因及那可汀所引起的。鸦片具有镇静、止痛、止泻及止咳功效，但必须控制在药用剂量内。吗啡、可待因都具有较强的成瘾性，属于国家管制的麻醉药品，长期滥用会严重成瘾，并且会引发一系列中毒症状。鸦片中毒有不同的表现。一般而言，轻度中毒表现为极度兴奋，继而产生口渴、心烦、疲乏、嗜睡等现象，与此同时瞳孔缩小。如果是中度中毒，症状一般表现为深睡，唤醒后意识不清并伴有恶心现象。重度中毒的症状比较危险，表现为脉搏变慢、昏睡不醒、体温下降、反射消失、呼吸变慢，最终可能会因呼吸中枢麻痹而导致死亡。鸦片的致死量为2克至5克。

如何判断鸦片成瘾以及戒断症状呢？一般而言，吸食鸦片成瘾的人，通常面无血色、肌体消瘦、目光无神、瞳孔缩小、失眠，整天无所事事，先天免疫功能逐渐丧失，易并发多种疾病，在实践中应结合具体情况予以辨别。戒断症状一般在停药后4小时至8小时出现，于36小时至48小时达到顶峰。典型症状最开始是流涎、流涕、流泪、出汗、焦虑、频繁打哈欠、失眠等；继而出现厌食、瞳孔扩大、皮肤起鸡皮疙瘩、恶心、呕吐、腹绞痛等症状；最后血压升高，肌肉和关节酸痛，出现脱水，全身性不适加重。

二、毒品之王——海洛因

海洛因是当今世界被滥用得最为广泛的毒品。一段时期内，涉及海洛因制造、走私、滥用的毒品违法犯罪案件数量居高不下，海洛因也是传统毒品中毒性最强的，因此被称为“毒品之王”。

（一）海洛因的由来

海洛因又叫作二乙酰吗啡，俗称白粉、白面。从外观上看，海洛因是白色柱状结晶或结晶性粉末，有点类似洗衣粉和碱面。

海洛因是如何被发现的呢？1806年，德国药剂师泽尔蒂纳首次从阿片中提取出了含氮植物碱，即吗啡。1874年，英国化学家莱特在吗啡中加入醋酸酐等物质，首次提炼出二乙酰吗啡，最早被合成的海洛因出现。1897年，德国拜耳药厂化学家霍夫曼将海洛因制成药物。1898年，拜耳药厂开始规模化生产该药，并正式注册商品名为“海洛因”（Heroin）。可以说，海洛因最开始是以药品的形式出现的，发明海洛因的药剂师和科学家可能都没有想到，这种物质能成为全球头号毒品。

海洛因按照纯度和成分可以分为五大类，分别叫作一号、二号、三号、四号、五号。号数越高，表示纯度越高，也就是二乙酰吗啡盐酸盐的浓度越高。

（二）海洛因的危害

作为“毒品之王”的海洛因具有非常强的毒性。吸食海洛因的初期会有短暂的欣快感，疼痛会消失，但随后会迅速出现头昏、乏力、眼花、心慌、呼吸困难、肢体湿冷、瞳孔缩小、对光反射消失等症状。海洛因的致死量为0.12克至0.15克。滥用海洛因是非常危险的，稍有不慎，就会付出生命的代价。

现实生活中，怎么判断一个人吸食海洛因成瘾呢？一般来讲，滥用者会出现瞳孔缩小、畏光、肌体消瘦、说话含混不清、皮肤发痒、免疫功能降低等症状；由于许多滥用者经常采用注射的方式吸毒，因此也常常会感染一些并发症，包括艾滋病、肝炎、梅毒、肺炎及肺水肿等。毒瘾发作时的症状表现为流涎、流涕、流泪、出汗、焦虑、频繁打哈欠、失眠等；继而出现厌食、瞳孔扩大、恶心、呕吐、腹绞痛等症状。

海洛因严重影响身心健康，会给神经系统造成不可逆的损伤，长期吸食者往往会人格解体、心理变态，此外还会缩减寿命，感染艾滋病等疾病。

三、疯狂的冰毒

冰毒是合成毒品的典型。从全球范围来看，冰毒也是当前被滥用得较为广泛的毒品类型之一。那么，冰毒是怎么来的，又是怎样的一种毒品呢?

（一）冰毒的由来

冰毒，又称甲基苯丙胺、去氧麻黄碱、甲基安非他明，从外观上看，无色、透明，形状似冰，所以叫作冰毒。

冰毒最初来源于日本①，1919年，日本化学家绪方章将甲基苯丙胺的提炼方式进一步改进，使人们可以在实验室或者工厂中大规模制造粉末状的结晶甲基苯丙胺，真正意义上的冰毒正式问世。经临床证实，这种物质能够兴奋中枢神经，消除睡意，

① 刘建强：《解析冰毒滥用的历史沿革及危害》，载《中国药物滥用防治杂志》2008年第5期。

解除疲劳。第二次世界大战中后期，日本在美国的强大攻势下接连失利，为提高军队连续作战的“战斗力”，大量生产甲基苯丙胺片剂和注射液，作为军需品，供军队使用。战争结束以后，甲基苯丙胺开始在日本社会上被滥用，产生了约20万名精神病患者，由此而引发的精神障碍、暴力行为以及相关的死亡病例开始在医学文献中不断出现。[①]这次冰毒滥用的危害很快波及东南亚和欧美等地区，形成了冰毒首次在世界范围内的滥用与流行。

由于认识到了甲基苯丙胺滥用的危害，日本政府禁止了该物质的生产和销售。20世纪70年代后，世界经济快速发展，社会急剧变化，甲基苯丙胺开始了世界范围内的第二次滥用与流行。20世纪90年代，又出现了第三次“浪潮”，尤其是冰毒合成毒品摇头丸一经出现，便迅速“风靡”一些发达国家及亚洲、非洲、拉丁美洲的一些发展中国家。同时，冰毒逐渐进入我国沿海地区，并威胁到青少年群体的身心健康。

（二）冰毒的产地

冰毒的产地包括：金三角地区，是位于泰国、缅甸和老挝三国边境地区的一个三角形地带；墨西哥，当地的毒品形势非常严峻。

我国大部分的冰毒来自非法的地下实验室和加工厂，广东、广西、四川等省份连续破获了制造冰毒的特大案件。经过富有

---

① 本书编委会编：《最新毒品中毒成瘾临床诊断与戒毒治疗实务全书（二）》，安徽文化音像出版社2003年版。

成效的治理，目前，广东地区的冰毒制造现象得到了根本性遏制，但冰毒的制造活动开始向管控薄弱的地区转移，制造冰毒的犯罪活动日趋复杂，仍需要高度重视。

（三）冰毒的成瘾症状

冰毒的毒性较强，长期滥用会产生一系列不良症状。少量服用一般会表现为精神振奋、清醒、话多、兴致勃勃、情绪高涨，而且长时间工作或学习无疲劳感、无饥饿感。但千万别把这些症状当作好事，其背后是对身体机能的严重损耗，长期滥用可造成慢性中毒、体重下降、消瘦、溃疡、脓肿、指甲脆化和夜间磨牙等。静脉注射方式滥用者可引起各种感染并发症，包括肝炎、败血症和艾滋病等，严重者会出现精神错乱、性欲亢进、焦虑、烦躁、幻觉等状态；思维方面从最开始的多疑、敏感发展为偏执或妄想，并伴有相应的情绪变化；在妄想支配下的滥用者可能因冲动出现自杀或杀人等暴力行为。过量使用冰毒可导致急性中毒甚至死亡。

冰毒是疯狂的，人在吸食冰毒后会发生性格大变、精神扭曲等症状。在冰毒的作用下，现实生活中发生了许多令人震惊的案件。在最高人民法院发布的2022年十大毒品（涉毒）犯罪典型案例中，一个案例就是因吸食冰毒而诱发的严重暴力犯罪。

2019年10月4日，郑某在家中吸食冰毒。次日1时许，郑某无端怀疑妻子陈某有外遇，遂与其妻发生争执。4时许，郑某来到父母卧室称其欲离婚，遭到其母范某某（被害人，殁年66岁）的责骂，即持随身携带的仿制军刀捅刺范某某头部、面部、颈部等处数刀，后又持刀捅刺瘫痪在床的其父郑某某（被害人，殁年76岁）颈部等处数刀。陈某劝阻郑某，郑某遂持刀威胁陈某下跪。后郑某见范某某未死，遂脚踢范某某头部，并再次捅刺范某某、郑某某数刀，致二人死亡。就是在冰毒的作用下，犯罪嫌疑人失去了理智，对他人和社会安全造成了严重的危害。

四、可怕的大麻

近年来，一些国家宣布大麻合法化。有人认为，大麻在有的国家都合法化了，是不是证明大麻没有什么危害，没有想象中可怕呢？但在这些大麻合法化的国家，陆续爆出了多起因为吸食大麻过量导致精神失控而引起的车祸、骚扰、暴力案件。在全球毒品形势日益复杂的现实背景下，大麻问题成为备受关注的世界性毒品问题。

（一）什么是大麻

大麻的生命力极强，属于一年生草本植物，通常在五六月间播种。成熟的大麻一般高1米至3米，叶子一般有5片或者7片，顶部一般是暗绿色，边缘为锯齿形。在大麻植物中可以提炼出400多种化合物，但主要有效成分是四氢大麻酚。实践中，大麻的价格以及药用价值主要取决于四氢大麻酚的含量。

（二）关于大麻的谎言

关于大麻的谎言，社会公众，特别是青少年必须认清真相，不要上当。

谎言一是吸食大麻不上瘾。许多人在被教唆吸食大麻时都听过“这玩意儿不上瘾”的说辞。请注意，这是地地道道的谎言。实际上，大麻具有较强的成瘾性。大麻是一种能对中枢神经系统产生强烈刺激的物质，长期滥用大麻会使人成瘾，引起对精神系统和身体机能的损伤。吸入大麻后会对外界刺激更加敏感，精神激动，并且常常产生幻想和幻觉，严重时观念分辨不清，判断力和注意力受损，动作机械，有一种魂不附体、飘飘然的感觉。此外，长期服用大麻也会导致精神异常，严重丧失工作能力，甚至会导致精神病发作。

谎言二是吸食大麻不受处罚。这也是错误的。大麻是我国法律明确列管的毒品类型，在我国，吸食大麻的行为属于吸毒行为，将会受到行政拘留、罚款等处罚。一些留学生或者游客在加拿大等大麻合法化的国家吸食大麻，虽然在国外不会受到处罚，但是其回国以后，如果被警方查出有吸食大麻的行为，依然要接受相应的处罚。此外，如果携带大麻入境、贩卖，就可能涉嫌走私、贩卖、运输毒品罪，将要承担相应的刑事责任。

（三）警惕大麻

目前，加拿大等个别国家实施大麻合法化的政策，在这些国家的留学生或游客必须提高警惕，不要因为吸食大麻而酿成大错，耽误美好的人生。

1.必须远离大麻，不要尝试吸食大麻。无论什么原因，无论什么借口，千万不要沾染大麻。

2. 不要携带、邮寄大麻回国。有的留学生或游客以为大麻在加拿大是合法的，便买来当作“礼物”给同学或亲友带回国，这是万万不能的。从国外携带、邮寄大麻回国，可能构成走私毒品罪，受到刑事处罚。

3. 在国外不要触犯当地的法律。即使在加拿大，大麻合法化也不是没有限度的。例如，加拿大联邦法律规定，携带大麻乘坐国际航班违法，在加拿大国内旅行时携带大麻不得超过30克；吸食大麻后开车，如果每升血液中四氢大麻酚的含量超过2纳克，就将面临高额罚款甚至监禁；不允许未满18周岁或19周岁（因省区而异）的人吸食大麻，地方政府也可能出台法规作出某些限制，如禁止在公共场合吸食等。此外，在法律允许的范围外拥有、生产或销售大麻仍可能涉嫌刑事犯罪，刑期可达14年。[①]所以所谓的合法化，也必须在法律允许的限度内。作为留学生或游客，必须熟悉当地的法律法规，这也是保护自己的有效方式。

五、舞会毒品——摇头丸

在一些娱乐场所，有的青少年为了寻求刺激而服用摇头丸，后染上毒瘾，对身体造成了极大的损害。那么，摇头丸到底是种什么样的毒品呢？

---

① 《携带大麻乘坐国际航班违法》，载中华人民共和国驻加拿大大使馆网，http://ca.china-embassy.gov.cn/sggg/201810/t20181018_4714284.htm，最后访问日期：2022年11月20日。

（一）摇头丸的由来

摇头丸是人工合成毒品的一种，它的主要有效成分是3，4-亚甲二氧基甲基苯丙胺（MDMA），服用后会使人兴奋，同时具有一定的致幻作用。摇头丸最早出现在1912年，据称是在研发减肥药的过程中作为副产品而被发现的。首位对摇头丸进行深入研究的科学家是美国教授亚历山大·舒尔金，他也因此被称为“摇头丸之父”。

为什么叫摇头丸呢？原因是吸食者在服用完摇头丸后，在受到音乐刺激时，会随着音乐的节拍不由自主地手舞足蹈、疯狂地摇头，音乐的节奏越强烈，吸食者的头晃动得越厉害，甚至出现过将脖子摇伤的情况。因为摇头丸常常在迪厅、舞厅等娱乐场所里使用，所以也被叫作“舞会毒品”。

从外观上来看，摇头丸被制作成多种颜色、图案、形状的片剂、胶囊等。全世界查获的摇头丸的形状和图案至少有数百种，分辨起来难度较大。

（二）摇头丸的危害

作为一种富有娱乐性质的毒品，摇头丸的危害十分明显。如果长期滥用摇头丸，人的肌体极易产生依赖，可出现血压下降、心律失常、情绪激动、抽搐等症状，同时，服用者在心理上也会形成障碍，主要表现为心理混乱、恐慌、抑郁、失眠、焦虑、神经错乱、动作不协调等。长期使用摇头丸还会导致分裂型精神病，产生自杀倾向、认知障碍等，甚至有些人因为服用摇头丸中毒身亡，酿成了不可挽回的惨剧。

34岁的男子阿强是一名滥用摇头丸的患者，他常与朋友在迪厅娱乐，逐渐开始接触毒品，包括K粉、摇头丸等。多年来，他平均一周服食一次摇头丸，每次头部剧烈摇动可持续3至5小时，硬是把颈椎摇得像“散架”了一般。一天，阿强和朋友打麻将时突感双腿无力、双手发麻、站立困难，过了一段时间，他发现自己的下半身渐渐麻木，大小便越来越困难，后来才知道，这一切的罪魁祸首就是他所滥用的摇头丸。

许多年轻人都是在参加朋友聚会的过程中开始接触摇头丸，并且染上毒瘾，对此必须提高警惕。此外，在聚会过程中，特别是有陌生人在的场合，要时刻注意自己的水杯、酒杯，不要喝陌生人提供的饮料，谨防被不怀好意的人放入摇头丸等毒品。摇头丸的迷惑性很强，危害性也很大，我们一定要在社会交往中时刻保持警惕。

第三节　新兴成瘾物质的挑战

社会在高速发展，毒品的种类也在不断变化。现实生活中，毒品被包装成饮料、巧克力、减肥药等，隐蔽性日益增强，令人难以分辨，对社会公众，特别是青少年造成了较大的误导和滥用风险。此外，一些新兴成瘾物质也不断出现，使得毒品种类日益复杂。其中，有些成瘾物质被及时纳入毒品目录进行管制，有些成瘾物质则由于工业生产、医疗等方面的考虑，并没有被纳入毒品范畴。这些新兴成瘾物质的出现有较大危害，对我国的毒品管制制度、毒品教育预防工作等都形成了一定程度的冲击。

一、新精神活性物质

为了更好地区分毒品，有效地治理毒品问题，禁毒实践中，我们将毒品按照流行的时间分为第一代毒品、第二代毒品和第三代毒品。第一代毒品主要是以鸦片为代表的传统毒品；第二代毒品主要是以冰毒为代表的合成毒品；第三代毒品则一般指的是新精神活性物质，也被称作“实验室毒品”“策划药”等。

（一）新精神活性物质的概念

关于新精神活性物质，联合国毒品和犯罪问题办公室提出，新精神活性物质是未被国际禁毒公约（主要包括《1961年麻醉品单一公约》《1971年精神药物公约》）管制，但存在滥用，并会对公众健康构成威胁的物质。

新精神活性物质有三个特点：（1）新精神活性物质与管制的毒品相比具有相似或者更强的兴奋、致幻、麻醉等效果，也就是说，新精神活性物质的毒性可能比海洛因、冰毒等管制毒品更强。（2）多数新精神活性物质未列入毒品管制目录。一些犯罪嫌疑人为了逃避法律责任，专门生产、策划毒品目录之外的物质，这类物质毒性强，但是因为不在毒品目录里，涉及这些物质的犯罪不能按照毒品犯罪办理，因此，生产制造此类物质的行为不会被追究制造毒品罪的法律责任。（3）新精神活性物质的危害巨大。由于该类物质具有强烈的兴奋和致幻作用，吸食后会引起偏执、焦虑、恐慌、被害妄想等反应，由此诱发的恶性暴力犯罪案件也屡有发生，社会危害巨大。

新精神活性物质可以分为：（1）合成大麻素类；（2）卡西酮类；（3）苯乙胺类；（4）哌嗪类；（5）氯胺酮；（6）芬太尼类；（7）植物类；（8）其他类，包括色胺类、氨基茚类、苯环己基胺类、镇静类等多个类别。

（二）常见的新精神活性物质

1.氯胺酮。氯胺酮又称K粉，是甲基苯丙胺类兴奋剂中的一种，是由冰毒衍生物及其他化学物质合成而来的，具有强烈的中枢神经兴奋作用。滥用氯胺酮后性冲动较强烈，易引发不当性行为，增加性传播疾病的传播机会，容易导致暴力犯罪、聚众淫乱、艾滋病感染等一系列问题。

2.“浴盐”。“浴盐”是一种致幻剂，又称丧尸剂、喵喵、象牙、光环、香草的天空等，所含物质为甲卡西酮、MDPV等。目前，实践中，滥用此类药物导致精神错乱、自残及暴力攻击他人的案例已有很多。

3.恰特草。恰特草原产于非洲及阿拉伯半岛，主要活性成分为卡西酮，具有兴奋和轻微致幻作用。由于卡西酮易降解，恰特草一般以新鲜植物的形式出售，但也有卖干叶子和酒精提取物的，吸食方式一般是咀嚼恰特草的叶子和嫩芽，或者将恰特草沏茶饮用。

4.“小树枝”。“小树枝”是含有新精神活性物质的一种形状类似树枝的条状毒品，又称“雅典娜小树枝”“维也纳香薰”“派对小树枝”等。实际上，它含有国家规定管制的合成大麻素MDMB-CHMICA的成分。

5.“蓝精灵”。这种物质含有氟硝西泮成分，而氟硝西泮有安眠、镇静、遗忘等作用，其中遗忘和催眠的作用最为明显。当这种成分和酒精合用时，会令肌肉过度镇静并产生精神运动损害，有时甚至会出现兴奋、精神错乱等反应。大量吸食“蓝精灵”会引起偏执、焦虑、恐慌、被害妄想症等反应，严重的会精神错乱，甚至抽搐、休克、脑卒中、死亡。

（三）新精神活性物质与毒品的关系

现实生活中，不少媒体将新精神活性物质与毒品画等号，认为新精神活性物质就是毒品，这是不严谨的。新精神活性物质是具有与管制毒品相似或更强的兴奋、致幻、麻醉等效果的物质，但并非所有的新精神活性物质都是毒品。根据我国毒品概念以及罪刑法定原则的要求，毒品的范畴和类型具有法定性，即只有法律将某种物质纳入毒品管制的范畴，该物质才能被称为毒品，才能对相关涉案人员进行刑事处罚。事实上，有许多新精神活性物质虽然有着与管制毒品相似的作用和滥用风险，但由于法律并未将其纳入列管范畴，因此不能称其为法律意义上的“毒品”。

实践中还有一些关于新精神活性物质的认识误区，应当予以澄清。例如，不少人认为新精神活性物质经过了改良，吸食不会成瘾，想戒就能戒，尿检也无法查出。实际上，新精神活性物质具有成瘾快、依赖性强、致幻作用大等特性，吸食新精神活性物质极易造成恶性事件，给个人、家庭和社会造成巨大损失。曾见诸报端的“啃脸事件”“食人事件”，都是因为行为人吸食新精神活性物质而产生幻觉，进而实施伤害行为。一定程度上，吸食新精神活性物质的危害远远大于传统毒品，必须清醒认识其危害性。

（四）我国对新精神活性物质的管制情况

近年来，我国不断加强对新精神活性物质的管制。目前，我国列管了188种新精神活性物质，并且对芬太尼类、合成大麻素类物质实现了整类列管。关于我国新精神活性物质的管制情况，可以用一个加法算式来梳理，即“1+13+116+4+4+32+18+整类”，其中，“1”是指氯胺酮，2001年管制；“13”是指2010年以来，我国及时将国际社会反映突出的4–甲基甲卡西酮等13种新精神活性物质列入《麻醉药品品种目录》或《精神药品品种目录》；“116”是指2015年10月1日起实施的《非药用类麻醉药品和精神药品列管办法》一次性列管了116种新精神活性物质；第一个“4”是指2017年3月1日起，卡芬太尼等4种芬太尼类物质列管；第二个“4”是指2017年7月1日起，U–47700等4种新精神活性物质列管；“32”是指2018年9月1日起，4–氯乙卡西酮等32种物质列管；“18”是指2021年7月1日起，氟胺酮等18种物质列管；“整类”是指2019年5月1日起，对芬太尼类物质整类列管，以及2021年7月1日起，对合成大麻素类物质实行整类列管。

目前，新精神活性物质在欧美等地区的滥用流行趋势明显，我国国内滥用新精神活性物质的案例也逐渐增多，除氯胺酮外，其他合成大麻素类、甲卡西酮类等新精神活性物质相继在广东、浙江、云南、新疆、内蒙古等多地的娱乐场所被发现，必须引起我们的重视。

二、“致命”芬太尼

美国疾控中心网站显示，1999年至2017年，阿片类药物已导致美国39.9万人死亡。从2013年开始，滥用的主角变为以芬太尼为首的人工合成类阿片药物。2017年10月，美国宣布进入“公共卫生紧急状态”，以应对阿片类药物成瘾危机。[①]

（一）芬太尼的由来

芬太尼是1960年由比利时结构活性药理学家保罗·杨森首次合成的。芬太尼是一种强效麻醉性止痛剂，它的药理作用与吗啡类似，但是其镇痛效果比吗啡强100倍[②]，常常用于缓解各种疼痛及外科、妇科等手术过程中和手术后的镇痛。可以说，芬太尼是麻醉科医生工作中经常会使用到的镇痛药。

（二）芬太尼的危害

芬太尼这类药物具有两面性，一面是天使，一面是魔鬼。芬太尼作为药物如果被滥用，则会变成毒品。在正规医院医生的指导下，在临床上使用芬太尼没有什么严重危害，但是作为毒品被滥用的芬太尼及其衍生物一般由非法实验室合成，由于其成分、纯度、含量都不清楚，且加工制造过程和工艺都极不规范，药效差异巨大，吸食者往往把握不好剂量，大多根据原海洛因的剂量吸食，但芬太尼的效力要比海洛因强烈得多，很容易吸食过量，导致中毒身亡。因此，芬太尼被称为吸毒人群的“大规模杀伤武器”。有数据显示，只要0.02克芬太尼类物质，

---

① 《芬太尼是啥，为何美国人吃掉了80%？》，载人民网，http://finance.people.com.cn/n1/2019/0508/c1004-31074150.html，最后访问日期：2022年11月20日。

② 《美国芬太尼滥用怪中国？我外交部拒绝“背锅”：管好你自己！》，载环球网，https://world.huanqiu.com/article/9CaKrnKmvCW，最后访问日期：2022年11月20日。

就足以使一个成年人毙命。[①]

（三）我国对芬太尼的管制情况

我国1996年已将芬太尼列入《麻醉药品品种目录》进行管制，并陆续采取措施建立和完善管制机制。2015年10月1日起实施的《非药用类麻醉药品和精神药品列管办法》一次性列管了116种国际上发生滥用的新精神活性物质，其中就有多种芬太尼及其衍生物。2017年，卡芬太尼、呋喃芬太尼等4种芬太尼列入《非药用类麻醉药品和精神药品管制品种增补目录》。2019年5月1日起，芬太尼类物质列入《非药用类麻醉药品和精神药品管制品种增补目录》，标志着我国正式整类列管芬太尼类物质，这是我国禁毒法治建设历程中的重大创新性举措。所谓整类列管，即不再单一地列管某一种芬太尼类物质，而是对跟芬太尼化学结构、效果类似的物质都进行管制，这将有效应对新型毒品变异快、打击难的问题，解决芬太尼类案件打击滞后的问题。

三、让人上瘾的“聪明药”

你相信这个世界上有“聪明药”吗？吃完这种药就可以变得聪明，学习成绩就提高了？你可能觉得有些荒唐，可这种所

① 张怀琛：《芬太尼，“天使”还是“魔鬼”》，载《河北日报》2019年1月10日，第10版。

谓的“聪明药”就在我们身边。

小杰是一名小学生，进入六年级后，学习压力大了不少，他觉得有些吃力，成绩也下降了。眼看着就要升学考试了，小杰妈妈急得不行，偶然从网上看到有一种进口药可以让人提升学习状态，就代购了几盒。没想到，这药果然神奇，吃药2个月后，小杰的成绩确实有所提高。但事情并没有这么简单。很快，小杰就开始觉得不舒服，出现了脱发、彻夜失眠等症状。发现小杰不对劲后，妈妈让他停了药，但没想到小杰的身体状况更糟糕了。停药后，小杰开始心慌、烦躁，食欲不振，甚至出现了濒死感。妈妈赶紧带小杰到医院检查，这才知道小杰吃的药物中含有利他林。医生说，这哪是什么“聪明药”！这是毒品！

（一）“聪明药”的成分

目前市面上的所谓“聪明药”大多由三种物质组成：阿德拉、莫达非尼、利他林。这三种药品原本是用来帮助多动症患者保持镇定的处方药，现在却被某些不法分子卖给学生用作考前突击的兴奋剂，刺激大脑保持注意力、增强短期记忆力，还美其名曰“聪明药”“学习药”。翻看我国《精神药品品种目录》，“聪明药”的成分就在目录之中，也就是说，这些物质是法律意义上的毒品。

（二）“聪明药”的危害

备战高考的高三女孩小静，吃了妈妈买来的“聪明药”。因滥用成瘾，小静开始服用药效更猛的摇头丸，深受其害，无法自拔，最后被送进了戒毒所，而高考也成了她悔恨一生的过往。

18岁的欣欣在别人的介绍下开始服用利他林。不到两个月，欣欣滥用成瘾，因病休学。欣欣说，“如果没了利他林，总感觉自己就要猝死了，只能一个人绕着操场一圈又一圈地转”。

这些鲜活的案例提醒我们，“聪明药”并不会让我们变得更聪明。许多同学就是在不知情的情况下，盲目相信“聪明药”能够提高学习成绩的谎言，最终导致服用此类物质成瘾。“聪明药”的危害很大，许多服用者都抱着侥幸心理，觉得偶尔吃一片并不会有什么副作用。但是，这类药品如果被滥用，极容易导致抑郁和情绪不稳定，还会出现心律不齐和停药期间的急性衰竭反应以及精神失常等。

"聪明药"会让人上瘾。已经有案例显示，部分使用者从一开始服用"聪明药"逐步发展到对止痛剂上瘾，最后转向海洛因、冰毒等硬性毒品，对身体和精神造成极大损害。含有利他林的这类"聪明药"，服用初期会产生欣快感，能够保持一定的注意力集中，但具有严重的副作用。滥用成瘾后，会产生抑郁情绪，突然停用的代价则是精神呆滞、昏睡、易怒、烦躁不安、忧虑，甚至会出现自杀的倾向。长期服用可能会诱发突发性心脏病或精神疾病，不知不觉中，你已经成了"聪明药"的奴隶！

四、有些蘑菇也是毒品

在一般人的印象中，蘑菇是一种外观可爱的食用菌，然而在禁毒领域，有些蘑菇也是毒品，这种蘑菇叫作致幻蘑菇，千万不能碰！

（一）致幻蘑菇的成分

致幻蘑菇是一种能够致幻的天然植物，含有赛洛西宾和羟基二甲色胺两种可致迷幻的物质。赛洛西宾就是一些影视剧里提到的裸头草碱，赛洛西宾已被列入我国第一类精神药品目录。

（二）致幻蘑菇的危害

徐某和两个朋友一起食用致幻蘑菇，几小时后，正处于亢奋状态的徐某突然倒地猝死；李某吃了致幻蘑菇后，以为自己会飞，从公寓的26楼窗口跳下身亡；一名40多岁的美国男子吃了致幻蘑菇后自残，把自己的手指扯断……

因食用致幻蘑菇导致的惨剧时有发生，必须引起我们的高度警惕。那么，致幻蘑菇有哪些危害呢？从名字上我们就能看出来，致幻蘑菇有强烈的致幻作用。服用裸头草碱后，大脑中一些部位的活动性会减弱，而这些部位在大脑中起着“连接中枢”的作用，能够协调各个功能部位的感受，这些“连接中枢”活动性的减弱会导致大脑各个功能部位之间的信息传递脱节，放大服用者的感官感受，包括味觉、听觉、嗅觉、时空感等，从而引起各种奇怪的幻觉。

科学家发现，致幻蘑菇如果被大剂量摄入，可以改变一个人的性格，长期滥用会严重损害中枢神经系统，并且会对时间和空间产生错觉。具体表现为情绪失常、自我歪曲、妄想和精神分裂，并且滥用者还极有可能出现攻击性的暴力行为，对他人的生命安全构成威胁。

因此，千万不要以为它叫蘑菇，就可以正常食用。在日常生活中，我们必须加强防范。首先，我们要注意分辨，防止误食。蘑菇种类繁多，有的地方曾经就发生过因食用毒蘑菇而致死的案件。这提醒我们一定不要随意采食野生蘑菇，如果误食了致幻蘑菇，发现有致幻症状，要尽快就医，确保健康和生命安全。其次，一定不要相信致幻蘑菇不上瘾的说法。致幻蘑菇具有较高的成瘾性，对此一定不能抱有侥幸心理，不要为了追求所谓的刺激而去尝试，一时的快乐会造成终生的痛苦。

五、有些“邮票”也是毒品

当前，在严厉打击毒品犯罪的高压态势下，一些毒品被伪装得越来越隐蔽，毒品的迷惑性也越来越强。近年来，全国多地发现了一种外观像邮票的毒品，一些青少年在不知情的情况下滥用成瘾。那么，“邮票”到底是个什么样的毒品呢？

（一）毒品“邮票”的由来

实际上，毒品“邮票”早在20世纪就被发现了，其主要成分是LSD（麦角酸二乙酰胺）。这是一种常见的致幻剂，也是毒性较强的物质。

LSD是以从麦角真菌中提取的麦角酸与其他物质合成而得的。瑞士化学家艾伯特·霍夫曼于1938年首次合成LSD，据称，他在进行一项关于麦角碱类复合物的大型研究计划时，无意中将原本分装在两支试管中的溶液混合在一起，结果发生了神奇的反应，一种完全不同的物质被“不小心”合成出来。它无色、无味、无臭，就像清澈的纯水一般。

（二）毒品“邮票”的危害

LSD常以药片、小块明胶或者纸片等方式出售，刚好符合邮票的样式，所以才被称为“邮票”。“邮票”的毒性很强，口服或者注射吸收过程中效果显现很快，几微克就足以让人产生幻觉，使用后通常会心跳加速、血压升高，并出现急性精神分裂和强烈的幻觉，造成极大的心理落差。目前在非法市场上发现的LSD剂型一般也都是纸型（如邮票型）的或胶囊。口含约1平方厘米的“邮票”就能使人产生强烈的幻觉，严重的会产生轻生念头，甚至有人服用“邮票”后跳楼自杀。

在针对吸毒人员的访谈中，有吸食LSD的人称每次服用LSD的感觉都是不同的，有时是愉快、欣慰的感觉，有时却是很不舒服的感觉，这就是LSD的特性，即服用后的不可预料性。正是基于此，很多“有经验”的“瘾君子”都不喜欢LSD，因为服用后患精神病的比率极高。

或许你会觉得“邮票”这种毒品离我们挺远的，平常在生活中也没见到过。但实际上，这种毒品正在国内悄然流行，成为毒害青少年的新类型毒品。

2018年，广东警方破获了全国首例网络贩卖毒品“邮票”（LSD）案件。广东省内共抓获了贩卖毒品“邮票”的分销人员18人、吸毒人员31人，缴获毒品“邮票”482张，涉及该案的全国27个省市的180多个涉案对象。该案的侦破截断了一条从国外“暗网”用比特币支付直接购买“邮票”，并通过邮寄回国，利用互联网和速递进行分销的新兴毒品走私、分销通道。[①]

2018年，杭州上城警方破获了杭州市首例贩卖毒品“邮票”案。该案的线索来源于警方抓获的一名涉嫌贩卖毒品人员，当时，警方从该男子身上只查获8张可疑纸片，经送往上级禁毒部门鉴定，在纸片里发现了毒品“邮票”。警方继续追踪，发现该

① 《警惕新型毒品魔爪伸向青少年》，载人民网，http://health.people.com.cn/n1/2019/0627/c14739-31198043.html，最后访问日期：2022年11月20日。

案中贩卖“邮票”的是“00后”，有的还是在校大学生，他们把“邮票”做成卡通纸片，把目标对准了喜欢新奇事物的青少年。

可见，毒品“邮票”的销售往往借助网络手段，而青少年正是网络世界的主力，极易成为受害人群。此外，在校学生参与贩毒的案例时有发生，因为同学之间更具有说服力，一些不明真相的学生在同学的误导、引诱下，开始接触“邮票”，染上毒瘾。

对于毒品“邮票”，我们必须提高警惕。一方面，必须抵制诱惑，不要被“非常嗨”“爽不停”等词所诱惑。“邮票”虽小，但产生的危害却很大。所以不要盲目追求短暂的刺激和虚无的快乐。另一方面，必须注意分辨，“邮票”这种毒品的迷惑性强，分辨难度大，许多服用者甚至根本不知道这些东西就是毒品。面对新类型的物质，我们在接触的时候，必须加强防范，谨慎分辨，不要存在任何侥幸和麻痹心理。

六、笑气是不是毒品?

一天，一架从西雅图直飞北京的航班落地，留学生林某瘫坐在轮椅上，被工作人员缓缓推出机场。林某是一名笑气成瘾者，由于在国外长期过量吸食笑气，手脚失去控制，大小便失禁，不能独立行走。林某说：“很可怕。出国读书约10年，我一直都很有克制力，但吸了这个，毅力全被摧毁了。”

（一）笑气的由来

笑气，学名一氧化二氮，无色，略带甜味。笑气实际上并不是什么新鲜事物，人们使用它的历史可追溯到18世纪，英国化学家汉弗莱·戴维发现了笑气的麻醉作用。20世纪早期，笑气作为一种重要的麻醉剂被用于医疗，并因其止痛和镇定作用，受到牙医、妇产科医生和运动医生的喜爱。一些面包店、咖啡馆里也会用到笑气，它被装在小小的罐子里，用于奶油发泡。

（二）笑气的危害与管制

实际上，笑气并不会让人发笑，而是会令人脸部肌肉失控，形成一个诡异的痴呆笑容，类似于傻笑，因此才被称为"笑气"。笑气具有成瘾性。大多数吸食者会通过气球、小灯泡和面具来吸入笑气，这种行为也被叫作"打气球"。长期滥用笑气，会严重损害呼吸系统、神经系统，造成精神异常，如嗜睡、抑郁或精神错乱等，并且会引发中毒症状，甚至会导致死亡。

林某说她看到微信里充斥着贩卖"气球"的信息，于是蠢蠢欲动，她跟闺蜜发誓就尝尝是什么感觉，可是第一次尝过之后就沦陷了。林某说："第一次吸食笑气，感觉我的手和脚都开始变得很麻，我想伸手去拿面前的杯子，却拿不起来。我瘫坐在椅子上，用力呼吸满屋子的腐烂空气，无时无刻不在胡思乱想，甚至出现幻觉。"滥用笑气成瘾后，林某的腿已经完全动不了，开始过上了爬行生活，像动物一样爬着去卫生间，爬着去开门，随后又出现了大小便失禁的情况。

笑气是很可怕的。但是由于一系列原因，我国目前没有把笑气列入麻醉药品或精神药品的管制目录，只是将其列入《危险化学品目录》。如前所述，毒品会使人上瘾，但使人上瘾的物质不一定都是毒品。虽然不是毒品，但是笑气也受到了严格的监管。单位和个人要经营笑气，必须先获得安监部门颁发的经营许可证，否则就是非法经营。实践中，对于一些贩卖笑气的嫌疑人，一般也会以非法经营罪来追究其相关刑事责任。

目前，在酒吧、KTV等娱乐场所，笑气存在一定程度的滥用。社会公众，特别是青少年必须加以重视和提高警惕。珍爱生命，远离笑气！

七、网红减肥药，有毒！

（一）网红减肥药的毒品成分

近年来，伴随着网络、物流以及电商行业的飞速发展，所谓的“网红减肥药”流入我国，并导致部分群体，特别是青少年滥用。部分网红减肥药经检测发现含有安非拉酮、芬特明、地西泮等物质，而这些物质属于我国《精神药品品种目录》中明确列举的精神药品（其中安非拉酮属于第一类精神药品，芬特明与地西泮属于第二类精神药品）。

麻醉药品、精神药品的概念对许多人来讲要比毒品陌生得多。但实际上，《麻醉药品品种目录》《精神药品品种目录》之中所列举的麻醉药品和精神药品并非单纯的药品，而是具有毒品属性的。部分网红减肥药被检测出含有《精神药品品种目录》中的物质，实际上就是含有毒品成分，在某种意义上，此类网红减肥药就是法律意义上的毒品，理应受到严格的管制，对走私、贩卖、运输、制造等行为，也应依法给予严厉的惩罚。

（二）网红减肥药的危害

长期服用含有毒品成分的网红减肥药，对生理和心理都会造成严重的危害。生理上，可影响人的中枢神经、心血管、消化系统等，进而使人出现情绪波动、失眠、恶心、腹泻、便秘等不适，严重危害人体健康；心理上，长期服用此类减肥药，极易形成药物依赖，出现猜忌、焦虑、抑郁、狂躁、精神障碍等一系列精神和心理问题。所以，减肥一定要采取科学、健康的方式，比如有规律的运动和健康的饮食，不要上了网红减肥药的当！

八、毒品的伪装：最熟悉的陌生人

禁毒实践中，一些被滥用的毒品和我们传统印象中的鸦片、海洛因完全不同。它们被包装成各种形态，伪装性极强，诱惑性极强，给禁毒执法工作带来了挑战，同时也在无形中对社会公众，特别是青少年产生了很大的不良影响。在日益严峻、复杂的毒情面前，我们一定要擦亮双眼，对毒品有准确、清醒的认识。

现实生活中，许多毒品被包装成食品和饮料，分辨难度极大。比如有的“巧克力”，看起来和我们平常吃的巧克力没有什么区别，但实际上可不是普通的巧克力，而是犯罪分子用大麻油熬制而成的；有的跳跳糖也被毒贩进行了加工，里面并非糖，而是含有毒品成分的物质；有的毒品被伪装成奶茶的样子，甚至盗用了一些奶茶的品牌与包装，这类毒品以粉末状为主，分辨难度极大；还有一种常常在夜店里出现的网红饮料，实际上含有毒品成分“γ-羟基丁酸”，是我国列管的第一类精神药品，饮用后会造成暂时性记忆丧失，严重的会导致死亡；有的果冻也被添加了毒品成分，如大麻、冰毒，是名副其实的“毒果冻”。

许多人可能会觉得不可思议，认为毒品离自己很远，但这些有毒物质都是在近年来的禁毒实践中查获的，并且有不少青少年已经深受其害。毒品似乎已经成为我们“最熟悉的陌生人”，必须引起我们足够的重视。

面对不断变换“马甲”的毒品和新型毒品犯罪，我们要努力做到“防患于未然”，提升识毒、拒毒、防毒的意识和能力，提高警惕，保护自己。

在日常生活中，我们要加强分辨，去正规的商家购买食物和饮料，并且要在包装、生产日期等方面多多留心。一定要注意，对不熟悉的食物不要轻易下嘴，要拒绝来路不明的食物。

此外，青少年不要沉迷于涉毒高危场所，如酒吧、夜店、迪厅等。要培养健康的生活方式，遇到问题要第一时间告诉老师和家长，有困难时要求助于警察。

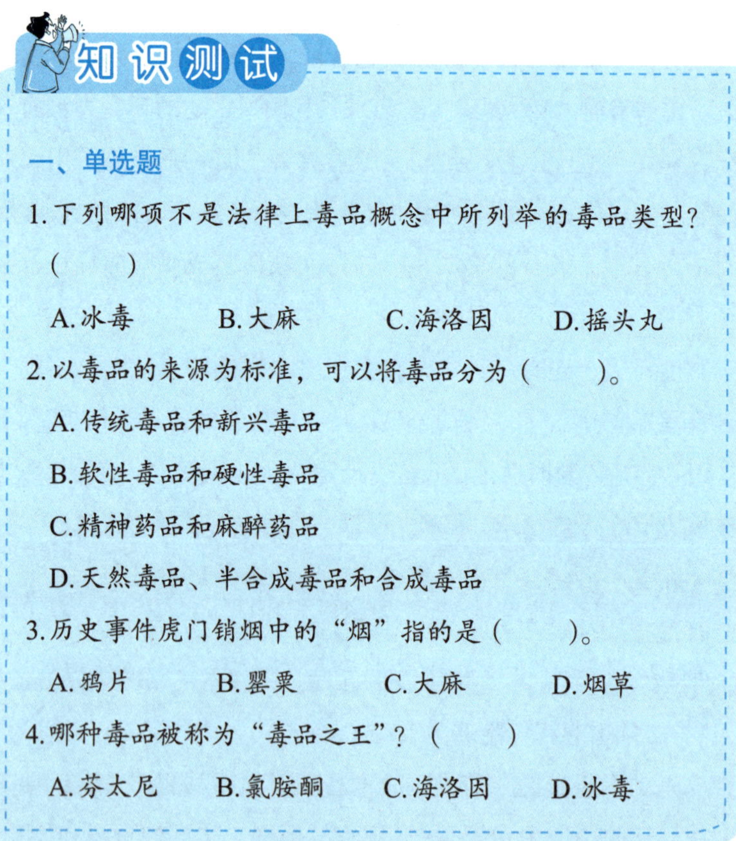

知识测试

一、单选题

1. 下列哪项不是法律上毒品概念中所列举的毒品类型？（　　）

　A. 冰毒　　B. 大麻　　C. 海洛因　　D. 摇头丸

2. 以毒品的来源为标准，可以将毒品分为（　　）。

　A. 传统毒品和新兴毒品

　B. 软性毒品和硬性毒品

　C. 精神药品和麻醉药品

　D. 天然毒品、半合成毒品和合成毒品

3. 历史事件虎门销烟中的“烟”指的是（　　）。

　A. 鸦片　　B. 罂粟　　C. 大麻　　D. 烟草

4. 哪种毒品被称为“毒品之王”？（　　）

　A. 芬太尼　　B. 氯胺酮　　C. 海洛因　　D. 冰毒

5.冰毒来源于哪个国家？（　　）

A.美国　　B.中国　　C.日本　　D.冰岛

6.摇头丸是人工合成毒品的一种，它的主要有效成分是（　　）。

A.MDMA　　B.GHB　　C.THC　　D.CA

7.我国目前对芬太尼类物质采取的管制措施是（　　）。

A.整类列管　　B.参照管制　　C.目录列管　　D.平行管制

8.LSD是一种（　　）。

A.兴奋剂　　B.麻醉剂　　C.发泡剂　　D.致幻剂

二、多选题

9.LSD的特性是（　　）。

A.无害　　B.无味　　C.无色　　D.无臭

10.根据我国法律规定，下列物质属于毒品的是（　　）。

A.尼古丁　　B.笑气

C.甲基苯丙胺　　D.可卡因

11.按照毒品的分类，冰毒属于（　　）。

A.合成毒品　　B.无害毒品

C.硬性毒品　　D.传统毒品

12.下列说法错误的是（　　）。

A.长期服用大麻会产生精神异常

B.吸食大麻不成瘾

C. 吸食少量大麻不处罚

D. 大麻不属于法定的毒品种类

13. 目前市面上的所谓“聪明药”大多由下列哪些物质构成？（　　）

A. 莫达非尼　　B. 阿德拉

C. 利他林　　D. 甲卡西酮

14. 关于冰毒，下列说法正确的是（　　）。

A. 冰毒又被称作甲基苯丙胺、去氧麻黄碱、甲基安非他明

B. 第二次世界大战期间，日本曾大量生产甲基苯丙胺片剂和注射液，作为军需品供军队使用

C. 金三角地区是冰毒的主要产地之一

D. 长期滥用冰毒可造成慢性中毒

参考答案

1.D　2.D　3.A　4.C　5.C　6.A　7.A　8.D

9.BCD　10.CD　11.AC　12.BCD　13.ABC　14.ABCD

第二章 毒品的危害与防范

毒品是人类社会的公害，联合国毒品和犯罪问题办公室发布的《2021年世界毒品报告》显示，全球在2020年大约有2.75亿人吸食毒品，[①]毒品依赖带来了各种问题，如社会不平等、贫穷以及精神问题等，预计这种情况在“今后的数年时间里”还将持续恶化。许多吸食者对毒品危害的认识模糊，认为吸毒是自己的事情，吸毒并不会上瘾，毒瘾想戒就能戒……这些错误的认识影响了他们在毒品面前的冷静判断。面对毒品，我们必须充分、深入地了解其危害，才能真正远离毒品，在诱惑和欲望面前保持内心的坚定。

第一节 毒品的危害

一、毒品对个人的危害

吸毒会成瘾，毒瘾发作的场面往往很恐怖，禁毒题材电影

① 《联合国报告：2020年全球约2.75亿人使用毒品》，载中新网，http://www.chinanews.com.cn/gj/2021/06-28/9508473.shtml，最后访问日期：2022年11月20日。

《门徒》中有一段女主角毒瘾发作的场景，吓坏了男主角。毒品好比恶魔一般，令人承受无尽的痛苦。有人可能会说，这只是影视剧夸张的表现，但事实上，真实的毒瘾发作现场更可怕，有的毒品吸食者会突然毒瘾发作，控制不住自己，制造暴力杀人、毒驾等恶性事件。

对个人而言，毒品的危害主要表现在生理伤害和心理伤害两个方面。

（一）生理伤害

1.疾病。吸毒会对人体的生理机能造成严重的损伤，影响呼吸系统、消化系统、心血管系统以及免疫系统等，带来一系列疾病。吸毒人员极易染上急性肺炎、肝炎等，这类疾病来得很快，治疗效果也不理想；吸毒还容易导致急性心肌梗死、艾滋病等，这类疾病的感染往往毫无征兆，却会剥夺一个人的生命；长期滥用毒品还会导致皮肤溃烂，严重营养不良，许多人吸食毒品半年，看起来就像老了十岁。

2.死亡。毒品除了会带来一系列疾病以外，还会对我们的生理造成更为严重的损害，那就是死亡。有人说，吸毒就像慢性自杀，事实的确如此。有资料显示，吸毒人群的平均寿命较正常人群短10至15年。25%的吸毒成瘾者会在吸毒10至20年后死亡。[①]在吸毒导致死亡的案例中，有的人因为吸毒而感染并发症死亡，有的人因为吸毒过量而猝死，也有的人因幻觉或者痛苦难忍而自杀身亡。

冰毒、摇头丸、K粉等毒品，都有可能致人猝死。对于吸毒人员而言，吸食此类兴奋剂毒品，会对脑神经和心血管形成非常强烈的刺激作用，而这些刺激是人体承受不住的。也许就在吸食者的狂欢之后，其心脏就悄无声息地骤停了。

某日，32岁的宁某在一家宾馆死亡，经法医鉴定，判断宁某为吸毒过量猝死。宾馆的桌面上还摆着两包海洛因和两个已开封的针筒。宁某被宾馆服务员发现时，已死亡多时，整个身体都变得僵硬。

（二）心理伤害

除了生理上的损害，吸毒行为还会对我们的心理造成严重

---

① 《吸毒者能活多久》，载青年之声，http://qnzs.youth.cn/tsxq/201808/t20180813_11696657.htm，最后访问日期：2022年11月20日。

伤害，如精神障碍、行为失控等，这种心理伤害往往是不可逆的，需要长时间的恢复和治疗。

吸毒人员往往伴有精神障碍，通常比较偏执、多疑，并且有十分明显的强迫症。还有一些吸毒人员会出现抑郁和妄想的症状，甚至发展为抑郁症和妄想症。此外，在毒品的作用下，许多吸毒人员无法控制自己的行为，会出现大喊大叫、裸奔、攻击他人等行为。

39岁的齐某原本有一个幸福的家庭，可因为交友不慎沾染上了冰毒。长期滥用冰毒导致齐某患上精神分裂症，出现幻觉、被害妄想、多疑等症状。某日，齐某吸毒犯病，开始怀疑妻子有外遇，认为儿子不是自己亲生的。一天晚上，齐某将其妻子活活掐死，又将魔爪伸向了儿子，将其掐昏。当毒瘾散去，齐某只能陷入无尽的悔恨。

潘某在家里吸食冰毒后，看见无数的影子从自己眼前飘过，便认为房间内有鬼。于是，潘某便从客厅茶几上拿了一瓶打火机专用油进入房间，将油洒在衣柜及地上，随后用打火机点燃。为了将“鬼魂”一网打尽，潘某又从厨房搬来煤气罐放在火源处，引起火灾事故，对他人的生命财产安全构成了严重的威胁。

除此之外，吸毒人员往往还会有自残、自杀的倾向。毒品会让人兴奋，也会让人失去理智。许多吸毒人员身上都有很多划痕，严重者甚至会有轻生的念头。

某日，一酒店的11楼，一名女子全身裸露，欲跳楼轻生，引来数百路人围观，经过近2小时的救援，救援人员终于将其救下。后查明原因，该女子是因吸食毒品产生了自杀的念头。

区，70%左右的“两抢一盗”案件都是吸毒人员所为，[①]吸毒后欠债，欠债后实施偷盗，偷盗不成又实施抢劫，毒品诱发了一系列犯罪行为。可以说，毒品滥用与犯罪之间具有十分密切的联系。

此外，吸毒行为的背后还牵涉贩卖、运输、制造毒品等行为。一些严重影响社会稳定的行为借助毒品犯罪活动筹集资金，比如恐怖组织利用毒品交易获得实施恐怖活动的资金，同时在毒品犯罪交易过程中利用恐怖活动进行掩护，实施放火、爆炸等恐怖活动。

一般来说，毒品与黑恶势力也有天然的勾结。一些黑社会性质组织从事毒品犯罪活动以获取暴利，同时也会利用黑恶势力掩护毒品交易活动，对抗警方的抓捕行动。在我国的禁毒实践中，毒品犯罪与黑恶势力活动往往相互交织，严重危害公共安全，破坏社会稳定。

（三）毒品阻碍社会发展

毒品消耗了大量社会财富，造成巨额经济损失，全国每年因毒品问题耗费的社会财富达上万亿元。[②]同时，吸毒会导致群众身体素质下降，损耗了大量的社会劳动力，并且加大了艾滋

① 宋才发、王颖慧：《西南边疆地区社会治理法治化问题探讨》，载《贵州民族研究》2019年第7期。

② 《国家禁毒办：毒品问题年耗社会财富上万亿，有10岁的吸毒者》，载搜狐网，http://mt.sohu.com/20170626/n498615351.shtml，最后访问日期：2022年11月20日。

病等传染性疾病的传播风险，引发一系列公共卫生问题。

历史上，我国深受毒品的侵害。鸦片战争导致我国国力下降，民不聊生，任人欺凌，这些都是血淋淋的教训。在新形势下，我们要进一步清醒认识毒品对社会的危害，提高警惕，促进社会健康稳定发展。

第二节　毒品的防范

一、毒品和艾滋病

禁毒防艾是禁毒工作与艾滋病防治工作中的重点。2019年7月，中国疾控中心艾滋病防治组公布了一组数据：15至24

岁的青年学生近年每年报告发现艾滋病病例一般在3000例上下，[①]这个数字触目惊心，然而目前，在全世界范围内，仍然缺乏根治艾滋病的有效药物。

实际上，艾滋病也是吸毒人员死亡的重要原因之一，所以对于艾滋病，也有必要进行深入了解。目前公认的艾滋病传播途径主要包括母婴传播、血液传播以及性传播，这三种传播途径都与毒品有着紧密关系。

（一）毒品滥用与艾滋病传播途径

吸毒人员中有许多女性，许多人甚至怀孕期间都在吸毒，不难想象，这必将对孕妇自身和胎儿造成很多不利影响，如死胎、早产，一些产下的婴儿体质也极其虚弱。对于吸毒成瘾的孕妇，其毒瘾也会传给新生婴儿。吸毒的孕妇一旦被艾滋病病毒感染，也有可能通过胎盘、乳汁等将艾滋病传播给婴儿。

吸毒人员往往会从肌肉或皮下静脉注射毒品，而这些注射毒品用的针头往往携带艾滋病病毒，这便为艾滋病传播的一个重要途径——血液传播提供了方便。许多吸毒人员毒瘾发作时，顾不上对注射器进行消毒，互相借用注射器和针头；一些吸毒人员为了增强感受，还会先将毒品注射进血管，再将血液抽入针管，然后再注射进血管，导致针头和针管都受到污染。一个注射器常常被反复使用或多人共用，只要有一个人是艾滋病感

① 《疾控中心：中国15到24岁青年学生每年发现艾滋病约3000例》，载中新网，https://www.chinanews.com.cn/sh/shipin/cns-d/2019/07-31/news825717.shtml，最后访问日期：2022年11月20日。

染者，病毒便会传染给他人。

毒品的滥用还容易导致滥交和群交，使得艾滋病病毒更容易通过性传播传染他人。吸毒人群常常把吸食冰毒称作“溜冰”，“溜冰”场所经常有“冰妹”出现，而“冰妹”就是吸毒的卖淫女，有的“冰妹”是为了赚钱，有的就是为了换取毒品而出卖身体。在一些KTV、浴场、夜总会及宾馆等场所，“溜冰”正成为一小撮追求刺激、“时尚”者的娱乐活动，而这些地方正是艾滋病的高发和高危场所，必须引起足够重视。

（二）毒品与艾滋病相互作用

毒品与艾滋病相互作用，产生的危害是巨大的。艾滋病患者本身就缺乏食欲，很容易出现头晕、头痛、反应迟钝、智力减退、精神异常等症状，这与吸毒的症状有类似之处。如果艾滋病患者再染上毒瘾，又不得不承受毒品所带来的一系列副作用，雪上加霜，身体更加难以承受。如果吸毒者染上艾滋病，也会加快死亡的脚步，让毒品的危害更为直接和具体。

毒品与艾滋病都是有害的，二者相结合更是危害极大。为此，我们必须进一步加强和推进禁毒防艾工作。

（三）禁毒防艾

第一，一定要拒绝毒品，要深刻认识到毒品的危害，自觉远离并坚决抵制，不要盲目追求所谓的刺激。共用注射器静脉吸毒是感染和传播艾滋病的高危险行为，毒品在一定意义上就意味着死亡，必须时刻警惕，切记毒品不可尝试，坚决不吸第一口。

第二，提倡安全性行为，保护自己，也保护他人。洁身自好是预防通过性接触感染艾滋病的根本措施。

第三，要培养健康的生活方式。要构建积极健康的朋友圈，培养乐观向上的学习和生活态度，遇到烦恼要学会用正确的方式排解，要培养良好的体魄和健康的心灵。

艾滋病不仅是医疗卫生问题，也是社会问题。它威胁着每一个人和家庭，因此，积极预防艾滋病是全社会共同的责任。此外，个别地区发生过恶意传播艾滋病的案例，并且在网上兜售带有艾滋病病毒的血液，对此行为必须保持警惕。我国法律对于恶意传播艾滋病病毒的行为也进行了明确的规定，并进行了严厉打击。根据规定，明知自己患有艾滋病或者感染艾滋病病毒而卖淫嫖娼的，以传播性病罪定罪，从重处罚；致使他人感染艾滋病病毒的，或故意不采取防范措施而与他人发生性关系致使他人感染艾滋病病毒的，均以故意伤害罪定罪处罚。

禁毒防艾，任重道远，让我们携起手来，共同参与到禁毒防艾工作中，打赢这场硬仗！

二、黄赌毒为何经常一起出现？

我们常常在KTV看到这样的标语：“严禁吸毒、贩毒、赌博、卖淫嫖娼等违法犯罪活动”，听到这样的歌词：“拒绝黄，拒绝赌，拒绝黄赌毒”……你有没有想过，为什么黄赌毒经常一起出现呢？实际上，黄赌毒活动的形成有着较为相似的原因，如精神空虚、追求刺激、盲目享乐、侥幸心理以及从众心理等。

（一）精神空虚、追求刺激

有的人因为精神空虚、追求刺激而卖淫嫖娼或赌博，有的人则因为精神空虚、追求刺激而染上毒瘾。

某日，在一辆列车上，3名年轻女子长时间占用卫生间，列车员在卫生间外面听到了打火机的声音，于是报警，民警随后赶到，并上车进行盘查。这一查可不得了，原来这3名女子正在卫生间里吸食毒品。警察了解到，这3名女子都是“95后”，父母均是做生意的，家境殷实。但三人都是没读完高中便中途辍学，长期混迹于酒吧、KTV等娱乐场所，“玩”得时间久了，感到生活乏味，便想到通过吸毒来“寻求刺激”，甚至专门在高铁上吸毒，以满足刺激感。

（二）盲目享乐

许多人，特别是青少年，在他人的蛊惑下，推崇所谓的及时行乐的生活方式，嫖娼、赌博、吸毒，样样都沾。这实际上是盲目享乐，在对他人生活造成不良影响的同时，也耽误了自己美好的人生。

（三）侥幸心理

有的人认为黄赌毒都属于自愿行为，与他人无关，只要不被人举报，就可以抱着侥幸的心理去做。我们常常听到的“就赌这最后一次”“就吸这一口”“就玩这一次”，都是侥幸心理的表现。

（四）从众心理

一些涉世未深的青少年总觉得“别人都能干，为什么我就不能干”？在这种盲目从众的心理下，许多青少年效仿同伴、效仿成年人、效仿影视剧等，实施卖淫嫖娼、赌博、吸毒等行为，甚至在被警方抓获后，也无法认清其行为的危害性，反而认为这是一种个人生活方式，令人感到非常意外和可悲。

“拒绝黄赌毒”，别让黄色“黄”了你，别把命运赌进去，珍爱生命，远离毒品。

三、吸毒有哪些迹象？

小明20岁，在一家鞋厂上班，作息一向都很规律，但最近一段时间，小明性情大变，和妈妈说话变得急躁，整个人也消瘦了许多，并且开始向妈妈要钱，说要和朋友做一些投资。小明妈妈就有些怀疑，孩子是不是接触了什么不好的朋友？是不是吸毒了？

识别吸毒迹象和行为，对我们及时发现和阻止吸毒行为有着十分重要的作用。吸毒人员因为受到毒品的侵害，在生理和心理上确实会有与健康人不同的表现。

一般而言，我们可以从饮食、作息、外貌、情绪、行为、消费习惯等方面深入观察，进而判断一个人是否吸毒。当然，吸毒人员接触的毒品种类不同，外在表现上可能会有所区别。

（一）饮食

在饮食方面，吸毒人员与常人有着较大的区别。吸毒人员在饮食上的表现呈现出两个极端，要么食欲不振，要么暴饮暴食。吸食毒品后，吸毒人员往往会比较亢奋，能保持较长时间不睡觉的状态，其在这段时间内会比较“专注”或强迫性地做一些事情，如长时间聊天、打游戏、抠手、发呆等，这种亢奋状态有时候能持续一整夜。如果吸毒人员吸入毒品的量比较大，这种亢奋的状态持续时间会更长，并且这段时间不会吃东西，也没有饥饿感。可等到毒品的劲头退去，吸毒人员就会非常疲惫，一般会开始沉睡，可能会睡上一天一夜，其间可能会因为肚子饿而补充大量食物，之后又继续沉睡。

（二）作息

吸毒人员在作息方面也会有异常表现：一方面，吸毒人员在毒品的刺激作用下，可以几天几夜不睡觉；另一方面，在毒品作用消退时又会嗜睡，怎么叫都叫不醒。

（三）外貌

从外貌上来判断一个人是否吸毒是比较直观的，准确程度也相对较高。吸毒人员一个最显著的特征就是消瘦，看起来弱不禁风，精神萎靡不振。此外，吸毒人员的眼神往往比较呆滞，瞳孔看起来也和正常人有明显不同；由于存在注射毒品行为，一些吸毒人员的皮肤上会留有注射针眼的痕迹，也往往会长疮，甚至形成一些硬块。

（四）情绪

吸毒人员的情绪往往是不稳定的，易怒、暴躁，与人聊天的时候，说着说着就生气了。此外，吸毒人员还存在多疑、多虑的情绪表现，一件事情可能会反复和对方确认，也可能对于吸毒前就有猜忌的事情喃喃自语，疑神疑鬼。

（五）行为

吸毒人员往往脾气恶劣、行为冲动，时不时发火，孤僻、懒惰，不愿意和他人一起活动，对周围的人和事漠不关心。吸毒人员还会有偏执的行为表现，比如一直啃手指，把手指啃出血都不停止；又如一直敲墙，能敲一天。吸毒人员还常常谎话连篇，编瞎话，有时甚至编造一些非常明显的谎言。

（六）消费习惯等

我们还可以从消费习惯等方面判断一个人是否吸毒。比如，如果行为人突然开始频频向父母、朋友要钱或借钱，或者在家中或单位偷窃财物，其就有可能是在为了购买毒品而筹集毒资。此外，如果在行为人的家中发现吸毒工具，如插着吸管的矿泉水瓶，或者针管、“冰壶”和笑气罐子等，则可以在较大程度上确定其有吸毒行为。

作为家庭成员，特别是家长，必须高度关注家人的异常情况，不要以为毒品离我们很远，要尽早发现并尽早遏制，才能防止毒品给家庭带来更大的伤害。

四、吸毒为什么会上瘾?

吸毒为什么会使人成瘾呢？毒品到底是如何侵入吸食者的身体，让人无法自拔的呢？毒瘾就这么难戒吗？这里涉及毒品的成瘾机制问题。

我们所说的瘾，其实就是对某种物质的依赖。对毒品的依赖，可以分为生理依赖和心理依赖。

（一）生理依赖

目前，对于毒品成瘾的机制，医学上主流的观点是多巴胺学说。多巴胺是一种神经传导物质，用来帮助细胞传送脉冲。这种脑内分泌物和人的情欲、感觉有关，它传递兴奋及开心的信息。当我们遇到开心的事情时，多巴胺会大量产生。我们的大脑很精密，当多巴胺太少时，大脑就会收到反馈，通过一系列的化学神经递质反应产生多巴胺，以维持正常状态。但是在现实生活中，我们不可能总是遇到开心的事情。于是，有的人想违背正常的分泌机制，追求兴奋快乐的刺激，就去借助一些药物，甚至是毒品。

服用毒品后，体内产生了大量的多巴胺，这时大脑就会收到信号：多巴胺来了！然后过一阵又发现，多巴胺太多了，已经超过正常的负荷了。大脑会接着发出指令，减少自身分泌的多巴胺。当体内自身分泌的多巴胺减少，吸毒成瘾者想追求快乐就不得不寻求毒品的帮助。毒品一进入体内，又进一步迷惑了大脑，长此以往，大脑分泌的多巴胺越来越少，在不服用毒品的情况下，人感受到的快乐就越来越少。换句话说，吸毒者需要大量的多巴胺才能感到快乐，其对多巴胺的需求量远超正常人，二者在多巴胺的需求量上存在差距，而对于吸毒者而言，只有吸毒，才能暂时缩小这个差距，所以吸毒人员就不得不继续使用毒品，并且不断加大毒品的使用剂量。差距越大，就越想吸，越吸，差距就会在总体上越大，多次循环后，瘾就形成了。换个角度说，毒品介入多巴胺分泌活动，呈现出的是一种“拉偏架”的现象，这种不正常的刺激作用导致了瘾的出现。

（二）心理依赖

除了生理依赖，毒品也会使人产生心理依赖，这种依赖更可怕，也更持久。心理依赖又称精神依赖，它是毒品成瘾的病理心理学特征，是指由于使用毒品产生的特殊心理效应，也就是说，吸毒人员在精神上和心理上产生了主观渴求或者继续使用毒品的欲望，只有通过毒品才能获得心理上的满足和避免精神上的不适。禁毒实践中有句话叫“一朝吸毒，十年戒毒，终生想毒”，充分体现了心理依赖的可怕。如果说生理依赖可以通过药物替代、物理隔绝等方式减轻或戒除的话，那么心理依赖的矫正难度则要大得多。

毒品带给人的只是短暂的快乐，而这快乐的背后是无尽的痛苦和折磨。许多人在体验过毒品带来的短暂快乐后，都会产生一定程度的强迫心理，心里总是幻想和期待着那种感觉，而完全忽视了毒品的巨大危害。毒品的心理依赖十分顽固、长久，给吸食者留下的心理烙印极难消除，是吸毒人员在摆脱生理依赖后复吸的重要原因。对此，我们必须高度戒备。现实生活中有许多可以促进分泌多巴胺的美好事情，我们千万不能在毒品上“过把瘾”，摧毁自己的美好生活。

五、毒品离我们并不远

有人说，我不吸毒，我身边也没有吸毒的，为什么要关注禁毒？也有人说，毒品只在电视剧里出现，现实中从来没有见过，自己也从来没有接触过毒品，毒品离我们挺远的。实际上，毒品离我们并不远，一定意义上，毒品就在我们身边。

（一）药物滥用：感冒药、减肥药也可能有毒

在医学领域，吸毒行为又叫作药物滥用。因为一些毒品在一定意义上也是药品，可以用来治病，但药品如果被滥用则有可能变成毒品。我们常常接触的一些药品中就有可能含有毒品成分。

比如感冒药。一些感冒药中含有麻黄碱成分，而这种成分是制造冰毒的主要原料。实践中就发生过不法分子大量购买含有麻黄碱的感冒药，然后将其提炼出来制造毒品进行销售获利的案件。生活中，当我们与一些药品接触时，可能不知不觉就会染上药瘾。当然，大家也无须过度担心，只要按照医嘱或说明书的指导，用药还是很安全的，麻黄碱容易被消化道吸收，较短时间内可排出体外，只不过如果超剂量服用或者长期滥用，则有可能对我们的身体造成损害。

又如止咳糖浆或者止咳水，其在医学上用于治疗咳嗽和呼吸道感染。这种药在正常剂量下使用并无大碍，但如果长期服用则容易成瘾，因为一些止咳水中含有吗啡、可待因等物质。目前，我国已经将含有可待因复方口服液体制剂列入第二类精神药品管理。禁毒实践中，许多青少年服用止咳水成瘾，必须引起高度重视。

此外，减肥药也可能有毒。一些年轻人热衷于减肥，服用减肥药，殊不知这些减肥药里可能就含有毒品成分，如地西泮，这种物质是我国明确列管的精神药品，也就是说，这些所谓的网红减肥药里含有毒品成分。这种成分有抑制食欲的作用，所以服用之后看似减肥效果很好，但无形中服用者有可能已经染上了毒瘾，现实中这样的案例时常发生，并不是危言耸听。

小袁在网上购买了某种热销的减肥药，服用一段时间后，发现身体出现了一些异常反应：吃药的时候，她的精神会变得比较亢奋；不吃药的时候，就出现焦虑、心慌的状况。于是，小袁把减肥药送到权威机构检测，结果显示这减肥药里竟然含有地西泮成分，不知不觉中，小袁已经染上了毒瘾。

（二）“被动吸毒”

除了药物滥用，还有一些“被动吸毒”的情形。实践中，许多人在根本不知情的情况下接触了毒品，不知不觉成为毒品的受害者。

1.别有用心的人给的食物、饮料可能含有毒品成分。我们常常在电视剧中看到这样的镜头：陌生人将小药丸或粉末偷偷放进被害人的水杯中。现实中这样的事情也经常发生，尤其是在人员混乱的娱乐场所，必须提高警惕。

小张在20岁生日当天，和几个朋友在KTV庆生，其间喝了不少酒。喝醉的小张感觉自己的脑袋要爆炸了，而且浑身发烫。就在这个时候，朋友小刘给了小张几颗彩色小药丸，并告诉小张吃下去就可以解酒。小张抱着试一试的心态，将一颗彩色小药丸吞了下去。很快，这颗小药丸便起作用了，小张头不痛了，人也兴奋了不少。此后，小张只要喝酒，就想吃几颗彩色小药丸，而且瘾越来越大，小刘则开始露出真面目，向小张高价兜售彩色小药丸。其实这些所谓的彩色小药丸就是毒品摇头丸。小张这才知道自己已经不知不觉染上了毒瘾。

2.个别不良商家兜售添加毒品成分的食品。食品有时候也是不安全的，里面可能也含有毒品成分，如一些网红食品店兜售含有四氢大麻酚的饼干；还有一些火锅店、凉皮店、炸鸡店等，为了招揽生意和客源，在食物中添加罂粟壳，让食客在不知不觉中成为毒品的受害者。

（三）狡猾的毒贩

目前，毒贩的犯罪手法越来越“高明”，反侦查意识也越来越强，他们通过网络、快递物流等方式交易毒品，如果不加以防范，不知不觉中，我们就有可能变成毒贩的帮凶。实践中常常有陌生人支付一定的报酬让帮忙取快递或者将快递送到指定地点，如果我们实施了相关的行为，又没有充分的证据证明自己不知情，那很有可能就会变成犯罪嫌疑人，所以千万不要大意。

此外，在乘坐火车、飞机时，可能会有其他乘客请求帮忙拎行李，他们或假扮成孕妇，或带着小孩，你根本无法想象他们其实是真正的毒贩。

毒贩甲以普通游客身份参加旅行团，在旅行过程中，对独自出游的乙照顾有加，乙很庆幸自己认识了一个朋友。当旅行结束后，甲乙结伴去火车站乘坐火车，进站时，甲找借口称要上厕所，麻烦乙帮他提着行李过安检。后来安检人员发现行李中藏有毒品，乙百般辩解也无法排除自己帮助别人实施毒品运输或走私的犯罪嫌疑，而真正的毒贩甲早已逃之夭夭。

六、如何远离毒品？

面对层出不穷的新毒品及变化多端的毒品犯罪手段，我们该如何有效防范，真正做到远离毒品呢？

请牢记“五要”“五不要”口诀：“五要”指的是，要增强对毒品的认知，要抵制不良诱惑，要树立正确的三观，要及时寻求帮助，要保持健康的交际。“五不要”指的是，不要随便相信陌生人，不要听信关于毒品的谎言，不要追求刺激享乐，不要自我孤立、自暴自弃，不要结交损友坏友。

（一）要增强对毒品的认知，不要随便相信陌生人

现实中，社会公众，特别是青少年对于毒品的知识了解甚少，不知道什么是毒品，不知道毒品的危害。正是这种不了解使毒贩钻了空子。只要我们充分了解毒品，加强防范，一定能够在很大程度上让毒品远离我们。

此外，不要随便相信陌生人。现实社会是复杂的，我们无法猜测陌生人的真实意图。在社会活动中，一定要做到不喝陌生人的饮料，不帮陌生人提行李，不帮陌生人取快递。这样看似苛刻的交往准则，实际上是对我们最大的保护。

（二）要抵制不良诱惑，不要听信关于毒品的谎言

不少人被关于毒品的谎言所迷惑，这类谎言往往是吸毒能减肥、吸毒能消除烦恼、吸毒能提高记忆力、吸毒能治病、吸毒不上瘾等。要知道，所有美化吸毒感受的都是谎言，都是骗局。我们必须对毒品的危害保持清醒、深刻的认识，自觉抵制社会上那些不良诱惑。

（三）要树立正确的三观，不要追求刺激享乐

平凡、真实的生活就是幸福的生活，我们并不需要毒品作为生活的添加剂。我们要做一个对社会有用的人、对他人负责的人，必须有积极向上的世界观、人生观、价值观。毒品带给我们的只有灰暗和消沉。无论你是什么身份、从事什么职业，都不应该过度追求刺激和享乐。毒品带来的快乐只是暂时的，

而它带来的痛苦却是长久的，甚至会让人付出生命的代价。

（四）要及时寻求帮助，不要自我孤立、自暴自弃

人生是美好的，我们有温暖的家庭，有疼爱我们的家人，有关心我们的朋友，我们的烦恼有许多健康的排解渠道。在生活中，遇到烦心事时要学会倾诉，而不是孤立自己，更不要选择吸毒等方式来排解。

如果发现自己不小心沾上了毒品或者染上了毒瘾，第一时间寻求帮助是保护自己的有效方式。此时，应当积极采取戒毒治疗手段，可以前往戒毒医疗机构或者强制隔离戒毒所寻求帮助，防止毒品带来更大的危害，早日摆脱毒品的折磨。

（五）要保持健康的交际，不要结交损友坏友

社会学上有一种理论叫伙伴效应，好的伙伴是你前进的动力和榜样，坏的伙伴则会把你“拉下水”，成为你前进路上的绊脚石。在日益复杂的毒品形势下，我们要构建健康向上的朋友圈，远离损友和坏友。在毒品面前，必须敢于说不，敢于和“毒友”绝交。

在日常交往中，我们还应当注意不要混迹于高危场所，如迪厅、舞厅、洗浴中心、酒吧、会所等，这些娱乐场所往往是毒品犯罪和违法行为的高发场所，有一些别有用心的人正等待着你踏入陷阱。所以，一定要自觉远离这些场所。

毒品是隐蔽的，毒贩是狡猾的，我们无法穷尽防范毒品的措施。但只要我们提高警惕，增强防范意识，享受正常的生活，

就一定能远离毒品圈。希望我们所有人都能够免遭毒品的危害，拥有绿色无毒的健康人生。

知识测试

一、单选题

1. 目前对于毒品成瘾的机制，在医学上最主流的观点是（　　）。

A. 芬太尼学说　　B. 多巴胺学说

C. 脑神经学说　　D. 内分泌学说

2. 下列哪项不是艾滋病传播的途径？（　　）

A. 性传播　　B. 唾液传播

C. 血液传播　　D. 母婴传播

3. 下列哪项不属于毒品对社会的危害？（　　）

A. 一人吸毒，全家遭殃　　B. 毒品败坏社会风气

C. 毒品危害公共安全　　D. 毒品诱发违法犯罪

4. 目前我国已经将含有可待因复方口服液体制剂列入了（　　）管理。

A. 第一类麻醉药品　　B. 第二类精神药品

C. 第一类精神药品　　D. 第二类麻醉药品

5. “一朝吸毒，十年戒毒，终生想毒”，充分体现了毒品的（　　）。

A. 依赖性　　B. 危害性　　C. 社会性　　D. 长期性

二、多选题

6. 黄赌毒行为经常在一起发生的共同原因包括哪些？（　　）

A. 侥幸心理　　B. 精神空虚、追求刺激

C. 盲目享乐　　D. 从众心理

7. 下列说法正确的是（　　）。

A. 陌生人支付一定的报酬请你帮忙取快递，应该乐意接受，热心帮助

B. 毒品对个人、家庭以及社会都会造成严重危害

C. 在娱乐场所，不要随便喝陌生人递过来的饮料

D. 艾滋病与毒品相互作用，产生的危害更大

8. 下列属于防范毒品的正确措施的是（　　）。

A. 不要结交损友坏友　　B. 不要听信毒品谎言

C. 不要随便相信陌生人　　D. 不要追求刺激享乐

9. 下列属于涉嫌吸毒的常见迹象的是（　　）。

A. 情绪易怒且疑神疑鬼

B. 偏执且爱说谎

C. 皮肤上有注射针眼的痕迹

D. 消瘦且精神萎靡

10. 下列属于加强禁毒防艾工作正确举措的是（　　）。

A. 培养健康的生活方式　　B. 禁毒防艾与我无关

C. 提倡安全性行为　　D. 一定要拒绝毒品

三、判断题

11. 吸毒的人都是在隐蔽场所吸毒，没有暴力性，所以吸毒行为与社会治安无关，不必过度担忧。(　　)

12. 吸毒人员常常共用注射器，这是艾滋病病毒传播的一个重要途径。(　　)

13. 明知自己患有艾滋病或者感染艾滋病病毒而卖淫、嫖娼的，应以传播性病罪定罪，从重处罚。(　　)

14. 假设小明是你的舍友，最近一段时间以来，他经常出入迪厅，夜不归宿，并且请求你帮他应付宿管阿姨，本着关心同学的目的，你应当替他保密。(　　)

15. 明星通常经济宽裕，不会为了筹钱购买毒品而从事抢劫、盗窃等违法犯罪行为，所以对于明星吸毒行为应当持宽容态度，并且应当从轻处罚。(　　)

参考答案

1.B　2.B　3.A　4.B　5.A

6.ABCD　7.BCD　8.ABCD　9.ABCD　10.ACD

11.×　12.√　13.√　14.×　15.×

第三章 禁吸戒毒

第一节 吸毒认定与吸毒人员管理

一、如何认定吸毒行为？

（一）什么是吸毒检测？

按照《吸毒检测程序规定》第2条第1款的规定，吸毒检测是运用科学技术手段对涉嫌吸毒的人员进行生物医学检测，为公安机关认定吸毒行为提供科学依据的活动。我们可以对从娱乐场所查处的可疑人员、毒品犯罪案件中的嫌疑人员、公路上危险驾驶和交通肇事的可疑人员进行现场检测。如果有热心市民举报吸毒，警察也会对举报对象进行吸毒检测。此外，对被决定执行强制隔离戒毒的人员、被公安机关责令接受社区戒毒和社区康复的人员、戒毒康复场所内的戒毒康复人员要进行定期抽检，以判断他们在接受戒毒过程中是否还有吸毒行为。

（二）吸毒检测样本

所谓吸毒，就是毒品进入人体，在人体内进行代谢，再排出体外的过程，如此一来，我们可以通过人体的代谢物检测嫌疑人是否吸食毒品。那么常见的检测样本有哪些呢?

1. 尿液。一般而言，尿液中的毒品含量较高，样本提取相对简单。符合资格要求的警察可以提取吸毒人员的尿液样本进行现场检测。

2. 血液。血液检材中毒品含量也很高，但相比于尿液，抽取血液是件很麻烦的事情，无法现场检测，且需要专业医疗人员抽取。由于毒品与酒精在化学性质上有很大不同，所以并不能像交警查酒驾那样让检测对象吹口气进行检测。

3. 唾液。唾液在检测现场很容易获取，但唾液中毒品含量很低，存在一定的检测难点。

4. 毛发。毛发的性质非常稳定，具有比血液、尿液、唾液更易获得，保存时间长等优点，在吸毒检测工作中能发挥很重要的物证作用，因此成为重要的检测样本。

（三）吸毒检测程序

1. 现场检测。根据《吸毒检测程序规定》，一般进行现场检测时需要提取两份样本，分装A、B瓶。一旦检测结果呈阳性，就可以认定嫌疑人存在吸毒行为。

2. 实验室检测。实践中，嫌疑人往往会辩解称其可能是吃了含有毒品成分的感冒药或其他药物，或是质疑现场检测结果，此时就需要将样本送到具有检验鉴定资质的实验室使用仪器进行检测。

3. 实验室复检。实验室检测后可以得到能够作为法庭证据使用的鉴定意见。此时，如果嫌疑人仍不认可检测结果，或者对仪器、实验室分析人员、实验室资质等提出异议，其可以在被告知检测结果后的3日内向现场检测的公安机关提出实验室复检申请。复检将会送到另一实验室进行检验，此前提取的B瓶样本就会起作用了。

4. 嫌疑人拒绝接受检测，如何处理？如果嫌疑人就是拒不提供样本会怎么样呢？法律规定，被检测人员拒绝接受检测的，经县级以上公安机关或者其派出机构负责人批准，可以对其进行强制检测。所以，不要抱有任何侥幸心理。检测样本的保存时间一般不少于6个月，要采用适宜的条件进行保存。

（四）误食毒品的辨别

实践中，在餐饮店、酒吧等场所进食，可能会出现“误食毒品”的现象，因此有许多嫌疑人会以此作为辩解理由。对于误食毒品与吸毒二者之间的区分，我国现行法律没有明确的规定，但是从学理以及禁毒实践经验还是可以总结出二者的不同。

吸毒是药物滥用的一种形式，是指在没有医生指导的情况下强迫性、持续性地自行进行药物摄取的行为。吸毒行为认定包含以下四个要素：（1）非医疗用途；（2）具有强迫性和持续性的特征；（3）自行摄取行为；（4）药物滥用无节制。

而误食毒品不属于自行摄取，也不属于药物滥用，同时不符合强迫性、持续性的特征要求，因此误食毒品并非吸毒。二者不可混为一谈。

如果嫌疑人确实为吸毒人员，但在尿检后辩称自己只是吃了含有罂粟壳的食物或者含有可待因成分的感冒药，这时候应该如何判断？

（1）看吸食地点。吸毒行为多发生在娱乐场所和较为隐蔽的场所，而误食毒品则不存在这样的场所特征。

（2）看成瘾及其程度。吸毒行为会导致成瘾，如果瘾癖特征明显（如冒汗、慌张、抽搐等），一般为吸毒行为；误食毒品由于受毒品数量和吸食次数的限制，一般不会形成瘾癖。

（3）看吸毒前科。行为人之前就有吸毒的相关记录，或者有旁证予以证明其吸毒经历的，一般可以认定为主动吸毒。反之，有旁证证明行为人无吸食记录，并属于误食的，在认定上一定要谨慎。另外还可以从用药方式的主动性或被动性、毒品种类等方面进行辅助认定。

总之，警方在认定行为人是否属于吸毒行为时，不能仅仅依据尿检呈阳性的鉴定结果，而应该根据主客观相一致的原则，结合各方面因素综合认定，这样才能防止“抓错人、办错案”，切实保障公民的合法权益。

二、什么是毛发检测？

2021年，“毛发验毒”一词被写进《2020年中国毒情形势报告》之中。近年来，毛发验毒技术在我国得到了广泛应用，毛发检测是目前禁毒实践中进行吸毒认定的主要方法。那么，什么是毛发检测呢？相比于尿液等其他样本检测，毛发检测有什么样的优势？

（一）毛发检测原理

毛发检测是指运用科学技术手段对涉嫌吸毒人员的毛发样本（头发）进行检测，为公安机关认定吸毒行为提供科学依据的活动。

为什么毛发可以作为毒品检测的样本？这是因为，毒品进入人体后会随着血液循环进入毛囊，毒品原体及其代谢物会被毛发中的角质蛋白固定并稳定地保留在毛发中，因此通过对毛发进行检测，我们可以判断行为人是否有摄入毒品的行为。

（二）毛发检测优势

毛发检测有着其他检材无法比拟的好处。一般毒品进入人体6~8小时后尿检就会呈阳性，一般人经过5~10天就能将毒品代谢掉。如果吃一些促进代谢的药物，那么毒品成分可能消失得更快。如果我们在行为人吸毒10天后再检测尿液，那么结果可能就不太准确了。换句话说，尿液样本的追溯期就是10天左右甚至更短。

但毛发却不同，毛发可以记录吸毒信息。以头发为例，我们的头发从头皮长出后，毒品及其代谢物会随着头发的生长从发根一端往发梢一端迁移。一般而言，一个人一个月可以生长1~1.5厘米的头发。因此我们可以分段对毛发进行检测，判断其生长周期，由此可以反推出被检测人员的吸毒时间和频率。也就是说，只要头发足够长，如一些女性头发有几十厘米长，对其头发进行检测可以反映出其几年内的吸毒情况。

同时，毛发样本相比血液和尿液，还具有不易侵犯隐私、可有效监控、取样简单、易保存等优势。

此外，毛发检测对于客观评估某地区毒情也有较大的参考价值。因为居民会定期去理发店修剪头发，如果随机抽取某地区的理发店的头发做检测，可以排查该地区隐性吸毒人员的情况。我们也可以在对普通公民进行公务员录用、征兵等活动时开展毛发取样检测，这种监控手段可以让隐性吸毒人员暴露出来。

（三）毛发取样流程

毛发取样的操作，简单易行，提取毛发样本时，工作人员应当佩戴一次性手套，使用医用剪刀或者锯齿剪刀紧贴被提取人员头皮表面剪取头顶后部长度为3厘米以内的头发，最好从发根开始剪。提取的毛发样本同样应当分为A、B两份，每份样本重量不少于50毫克，用铝箔纸包裹，分别装入纸质信封后将信封封装。

毛发样本中，O^6–单乙酰吗啡、吗啡、甲基苯丙胺、苯丙胺、3,4–亚甲二氧基苯丙胺（MDA）、3,4–亚甲二氧基甲基苯丙胺（MDMA）、氯胺酮、去甲氯胺酮、甲卡西酮的检测含量阈值为0.2纳克/毫克；可卡因的检测含量阈值为0.5纳克/毫克；苯甲酰爱康宁和四氢大麻酚的检测含量阈值为0.05纳克/毫克。实际检测含量在阈值以上的，认定检测结果为阳性。发根端3厘米以内的头发样本检测结果为阳性的，表明被检测人员在毛发样本提取之日前6个月内摄入过毒品。

（四）毛发检测中的特殊情况

1.染发会不会对毛发检测造成影响呢？

某日本明星被曝出吸毒丑闻后整整消失了6天。有人表示，利用这段时间她可以通过多喝水、运动等方式来排泄体内的毒品，逃避尿检。当她再次出现在公众面前时，细心的人就发现其头发已经染色。

事实上，通过染发等行为虽然可以使含有毒品成分的头发色素脱落，在一定程度上增加毛发检测难度，但由于头发中仍会有毒品残留，检测人员依然可以检测出毒品成分。

2.剃光头可以逃避毛发检测吗？

某韩国明星被举报涉嫌吸毒，其坚决否认。警方进行毛发取样时，该明星已经剃光头，警方随后采集其腿毛进行样本检验，最终鉴定出其腿毛中含有冰毒成分。

可见，除头发之外，还可以通过检测人体的其他毛发来判断行为人是否吸毒，如腋毛、腿毛、阴毛等，这些都可以被用作检测样本。与头发相比，人体其他毛发的生长和脱落情况有很大不同，一定意义上，可能其他部位的毛发检出的毒品种类更多，含量也更高。

毛发检测技术是一项科学有效的吸毒检测方法，能够让吸毒人员无处遁形，可谓禁毒工作的“黑科技”。

三、什么是吸毒成瘾？

（一）吸毒成瘾的概念

按照我国《吸毒成瘾认定办法》第2条的规定，所谓吸毒成瘾，是指吸毒人员因反复使用毒品而导致的慢性复发性脑病，表现为不顾不良后果、强迫性寻求及使用毒品的行为，常伴有不同程度的个人健康及社会功能损害。

吸毒成瘾中的“瘾”既包括生理方面的，也包括精神方面的。简单来说就是吸毒人员多次吸食毒品后，毒品与其大脑的内部物质发生了化学反应，形成了顽固的分子机制，导致长期的成瘾记忆，这种记忆促使吸毒人员不断寻求毒品，形成恶性循环。

毒品成瘾无疑是一种病，既然是病就要治疗。戒断毒瘾，也就是我们所说的戒毒康复，戒的就是毒品的瘾，这也是我们禁毒工作中的主要任务。

（二）吸毒成瘾的认定标准

吸毒人员在什么情况下可以被认定为吸毒成瘾？《吸毒成瘾认定办法》第3条第1款明确指出，吸毒成瘾认定，是指公安机关或者其委托的戒毒医疗机构通过对吸毒人员进行人体生物样本检测、收集其吸毒证据或者根据生理、心理、精神的症状、体征等情况，判断其是否成瘾以及是否成瘾严重的工作。因此，有两个主体可以对吸毒成瘾进行认定，一是公安机关，二是公安机关委托的戒毒医疗机构，一般为戒毒专科医院和设有戒毒治疗科室的其他医疗机构。

根据《吸毒成瘾认定办法》第7条的规定，吸毒人员同时具备以下情形的，公安机关认定其吸毒成瘾：（1）经血液、尿液和唾液等人体生物样本检测证明其体内含有毒品成分；（2）有证据证明其有使用毒品行为，这里的证据包括吸毒的视频录像、证人证言等；（3）有戒断症状或者有证据证明吸毒史，包括曾经因使用毒品被公安机关查处、曾经进行自愿戒毒、人体毛发样品检测出毒品成分等情形，这里的戒断症状主要是从医学上认定。戒断症状的具体情形，参照原卫生部制定的《阿片类药物依赖诊断治疗指导原则》《苯丙胺类药物依赖诊断治疗指导原则》《氯胺酮依赖诊断治疗指导原则》确定。

（三）吸毒成瘾的法律后果

一般而言，我们会对吸毒成瘾者采取相对自由和宽松的自愿戒毒和社区戒毒。此外，还有一个概念是“吸毒成瘾严重”，这也是《禁毒法》中的一个重要概念。

一般而言，吸毒成瘾人员具有下列情形之一的，公安机关认定其吸毒成瘾严重：（1）曾经被责令社区戒毒、强制隔离戒毒（含《禁毒法》实施以前被强制戒毒或者劳教戒毒）、社区康复或者参加过戒毒药物维持治疗，再次吸食、注射毒品的；（2）有证据证明其采取注射方式使用毒品或者至少三次使用累计涉及两类以上毒品的；（3）有证据证明其使用毒品后伴有聚众淫乱、自伤自残或者暴力侵犯他人人身、财产安全或者妨害公共安全等行为的。

四、吸毒行为有什么法律后果?

2018年11月26日，北京警方根据群众举报，在一小区查获两名吸毒人员，其中一名就是某著名乐队的成员甲。随后，甲因吸毒、非法持有毒品被行政拘留。12月4日，甲被认定为吸毒成瘾，警方责令其接受为期3年的社区戒毒。

许多网友对于甲的处理结果产生疑问。有人问，为什么甲不用坐牢，不用承担刑事责任？也有人问，为什么不是强制隔离戒毒，而是社区戒毒呢？那么，单纯的吸毒行为应当承担怎样的法律责任呢？

（一）行政处罚

吸毒人员应当接受行政处罚，包括行政拘留、罚款。《治安管理处罚法》第72条第3项明确规定，吸食、注射毒品的，处10日以上15日以下拘留，可以并处2000元以下罚款；情节较轻的，处5日以下拘留或者500元以下罚款。

（二）社区戒毒

除了行政处罚外，如果吸毒人员被认定为吸毒成瘾，根据《禁毒法》《戒毒条例》的规定，吸毒人员还要被责令接受为期

3年的社区戒毒。社区戒毒并不是限制人身自由的措施，因此，吸毒人员可以在社区内进行毒瘾矫治。社区戒毒期间，吸毒人员要定期接受吸毒检测，需要定期提交尿液样本等，社区工作人员要与吸毒人员开展谈心谈话，增强其戒毒的信心。

（三）强制隔离戒毒

根据《禁毒法》第38条的规定，吸毒人员在社区戒毒期间又有吸毒行为或者被认定为吸毒成瘾严重的，还将被决定执行强制隔离戒毒，在强制隔离戒毒所内进行为期两年的戒毒治疗。

强制隔离戒毒是最为严厉的一种戒毒措施，本质上属于行政强制措施，是限制人身自由的措施。

（四）法律责任的选择适用

同样是吸毒行为，为什么在处理上会有所区别呢？实践中，一般按照查处的次数来选择适用法律责任。一般而言，如果吸毒人员是第一次被警方查处，其会被处以行政拘留或者罚款；如果是第二次被查处，也就是说在这之前已经被查处过一次，后又被警方发现有吸毒行为，其会被责令接受社区戒毒；如果是第三次被查处，其会被决定执行强制隔离戒毒。当然也不是绝对的。《禁毒法》第38条第2款规定，对于吸毒成瘾严重，通过社区戒毒难以戒除毒瘾的人员，公安机关可以直接作出强制隔离戒毒的决定。

此外，有些吸毒人员同时被决定行政拘留和社区戒毒或强制隔离戒毒，那么应当如何操作？是先执行行政拘留还是社区戒毒或强制隔离戒毒？行政拘留的时间要不要计算在社区戒毒或者强制隔离戒毒时间内？

关于以上问题，《公安机关办理行政案件程序规定》第221条作出了明确规定，对同时被决定行政拘留和社区戒毒或者强制隔离戒毒的人员，应当先执行行政拘留，由拘留所给予必要的戒毒治疗，强制隔离戒毒期限连续计算。拘留所不具备戒毒治疗条件的，行政拘留决定机关可以直接将被行政拘留人送公安机关管理的强制隔离戒毒所代为执行行政拘留，强制隔离戒毒期限连续计算。也就是说，行政拘留的时间是计算到戒毒期限之内的。

可以看出，在我国，吸毒行为只是行政违法行为，而不是犯罪行为。因此，不能将单纯的吸毒行为当作犯罪行为，不能把吸毒人员当作罪犯。这是常识，也是应该遵守的法律规定。

第二节　戒毒方法和措施

一、戒毒方法

毒瘾能戒掉吗？戒毒应当采取什么方法？是像影视剧里那样，把吸毒人员用绳子绑起来吗？我们一起来看看有哪些戒毒方法吧。

（一）自然戒断法

自然戒断法是比较传统的戒毒方法，和影视剧里的情节比较类似。其实就是不用任何药物和其他治疗方式，直接对吸毒人员硬性停用毒品，强制让戒毒者接触不到毒品，使其戒断症状自行消除。因为吸毒人员在毒瘾发作时，汗毛竖起，浑身起鸡皮疙瘩，看起来像是火鸡皮一般，所以这种戒毒方法又被称为“冷火鸡法”。可以想象，这种方法比较痛苦，主要适用于那些吸毒时间不长、毒瘾不严重者，但对毒瘾严重、意志力差的戒毒者要慎用，以防止危及生命或发生自残、自杀等事故。

（二）药物脱毒法

药物脱毒法是采用各种戒断药物来减轻吸毒人员在戒毒过程中的痛苦。实践中广泛采用的美沙酮替代递减以及丁丙诺啡替代递减都是药物脱毒法。针对一些阿片类药物的戒毒治疗，特别是对于海洛因依赖者，可以选择用美沙酮进行替代治疗，逐渐减弱戒毒人员的毒品需求，类似于用一种毒性较小的药物替代那些使人成瘾严重、对身体危害巨大的物质。该方法又称戒毒药物维持治疗。

（三）心理干预法

戒除毒瘾需要强大的意志力，为此要及时、科学地对戒毒人员进行心理干预，包括健康促进以及心理治疗。摆脱心理依赖的重中之重就是重塑吸毒人员对毒品的认知。根据患者生理、心理及心灵层面的自然属性和社会属性的差异来制定心理治疗方案，挖掘患者自身的潜能，变被动的生理治疗为主动的心理加生理治疗，让吸毒人员真正从心中认识到毒品的危害，重塑戒毒的信心。但心理干预对工作人员的专业性要求较高，也需要戒毒人员高度配合，实践中开展起来难度较大。

（四）新型戒毒方法

1. 中医按摩戒毒技术。这是甘肃省司法行政戒毒系统在专家团队的指导下探索创立的。该方法主要参照中医按摩辨证归经、循经取穴的原理，对头面部、上肢部、下肢部23个便于自我操作的穴位，由戒毒人员进行自我穴位按摩，并辅以静息调吸、双手搓面、拍打经络、阴阳平衡法等动作，每天按摩一小时。实验证实，中医按摩可以促进戒毒人员身体机能康复，能在一定程度上缓解戒毒症状。

2. VR戒毒技术。上海市戒毒管理局通过拍摄仿真吸毒场景和3D数字建模，再现吸毒场景。戒毒人员头戴VR眼镜置身于虚拟现实场景中，一旦毒瘾被诱发，就会被记录下目光轨迹和生理参数，由系统自动生成毒瘾程度报告。除了评估毒瘾，VR技术也可提供厌恶治疗、脱敏治疗和回归社会康复。

3. 运动戒毒。戒毒人员可以通过运动恢复身体功能，同时也能重塑自我，增强信心。合适的运动内容包括原地跑、俯卧撑、深蹲、太极拳等。2018年，司法部戒毒管理局部署开展了运动戒毒的试点工作，取得了不错的效果。

（五）统一戒毒模式

司法部推行了全国统一戒毒模式，主要为“四区五中心”，就是在戒毒所里要按照戒毒环节和区域功能进行划分。所谓的“四区”是指生理脱毒区、教育适应区、康复巩固区和回归指导区四个功能区；“五中心”是指戒毒医疗中心、教育矫正中心、心理矫治中心、康复训练中心和诊断评估中心。

无论采用哪种戒毒方法，都需要戒毒人员自身强大的戒毒意志作为保障。吸毒很容易，但戒毒却是非常艰难、复杂的事情。所以，千万不要为了短暂的快乐而去吸毒，因为戒毒的痛苦是一般人难以承受的。珍爱生命，远离毒品，永远不是一句空话。

二、戒毒措施

根据《戒毒条例》的规定，戒毒措施包括自愿戒毒、社区戒毒、社区康复以及强制隔离戒毒四种。

（一）自愿戒毒

1. 自愿戒毒的概念

顾名思义，自愿戒毒就是吸毒人员主动并自愿脱离毒瘾的过程。比如有人不小心吸食毒品后及时寻求戒毒医疗机构的帮助并主动戒毒，又如家长把吸毒成瘾的子女送到戒毒医院进行治疗，这些都属于自愿戒毒。

2. 自愿戒毒的特点

（1）自愿戒毒具有主动性。自愿戒毒是吸毒人员主动想戒除毒瘾并自愿接受一系列戒毒方法的戒毒措施。毒瘾的戒除需要强大的意志力，能够选择主动戒毒，在一定程度上表明吸毒人员有改过自新的意识。

（2）自愿戒毒不限制人身自由。实践中自愿戒毒者往往会选择有资质的戒毒医疗机构，支付一定的费用，接受专业的戒毒指导，类似于病人去医院看病，所以，自愿戒毒是不限制人身自由的。

3. 自愿戒毒的场所

（1）自愿戒毒医疗机构。通常，戒毒医疗机构会与自愿戒毒人员或者其监护人签订协议，明确戒毒治疗期限、戒毒治疗措施等事项，并收取一定的费用。

（2）强制隔离戒毒所。吸毒人员也可以自愿到强制隔离戒毒所进行自愿戒毒。《戒毒条例》第25条规定，经强制隔离戒毒场所所在地县级、设区的市级人民政府公安机关同意，吸毒成瘾人员可以进入强制隔离戒毒场所戒毒。

4. 自愿戒毒不予处罚政策

自愿戒毒具有自愿和主动的特点，能够在较大程度上保障戒毒效果。为了推进和完善自愿戒毒制度，国家对于自愿戒毒者采取了较为宽松的处理方式。根据《戒毒条例》第9条的规定，吸毒人员可以自行到戒毒医疗机构接受戒毒治疗。对自愿接受戒毒治疗的吸毒人员，公安机关对其原吸毒行为不予处罚。

（二）社区戒毒、社区康复

1. 社区戒毒、社区康复的概念

社区戒毒，是指吸毒成瘾人员在社区的组织、监管下，整合家庭、社区、公安以及卫生、民政等力量和资源，使吸毒人员在社区里实现戒毒的一种戒毒措施。

社区康复，是指对解除强制隔离戒毒措施的戒毒人员适用的一种戒毒措施，为帮助戒毒人员早日回归社会，提供就业指导、心理干预等服务。根据法律规定，强制隔离戒毒的决定机关可以责令戒毒人员接受不超过3年的社区康复。

社区戒毒和社区康复具有一定的相似性：（1）不限制人身自由；（2）虽然不限制人身自由但有一定的约束措施，主要表现为要定期接受尿检等吸毒检测；（3）都是法定的戒毒措施之一，具有法定性。

社区戒毒和社区康复是两种不同的戒毒措施，主要区别在于：（1）期限不同，社区戒毒期限为3年，社区康复的期限不超过3年；（2）对象不同，社区戒毒的对象是吸毒成瘾人员，社区康复人员是解除强制隔离戒毒措施的戒毒人员；（3）从禁毒社会工作角度讲，社区康复工作人员的防复吸、帮扶、救助、教育和协助管理工作难度更大，社工的提前介入有助于专业关系的建立。

2. 社区戒毒的适用条件

哪些情形下，吸毒人员会被责令社区戒毒呢？根据《禁毒法》第33条第1款的规定，对吸毒成瘾人员，公安机关可以责令其接受社区戒毒。所以，吸毒成瘾是适用社区戒毒的条件。

根据《吸毒成瘾认定办法》第7条的规定，吸毒人员同时具备以下情形的，公安机关认定其吸毒成瘾：（1）经血液、尿液和唾液等人体生物样本检测证明其体内含有毒品成分；（2）有证据证明其有使用毒品行为；（3）有戒断症状或者有证据证明吸毒史，包括曾经因使用毒品被公安机关查处、曾经进行自愿戒毒、人体毛发样品检测出毒品成分等情形。

3. 社区戒毒的执行

如果吸毒人员被责令社区戒毒，应该在哪里执行呢？根据《禁毒法》《戒毒条例》的相关规定，戒毒人员应当在户籍所在地接受社区戒毒，在户籍所在地以外的现居住地有固定住所的，可以在现居住地接受社区戒毒。所以，目前社区戒毒执行以户籍所在地为主，以居住地为辅。

社区戒毒的期限为3年，从报到之日起开始计算。那么在社区戒毒期间有哪些要求呢？公安机关会与吸毒人员签订社区戒毒协议，社区戒毒人员要履行相关的义务，包括：（1）履行社区戒毒协议；（2）根据公安机关的要求，定期接受检测；（3）离开社区戒毒执行地所在县（市、区）3日以上的，须书面报告。社区戒毒人员拒绝接受社区戒毒，在社区戒毒期间又吸食、注射毒品，以及严重违反社区戒毒协议的，社区戒毒专职工作人员应当及时向当地公安机关报告。

（三）强制隔离戒毒

实践中，有的吸毒人员并不害怕被行政拘留，也不担心被责令社区戒毒。其中一个原因是行政拘留时间短，影响不大；另一个原因是社区戒毒不限制人身自由，管控较少。但是，一旦吸毒人员听说其要被执行强制隔离戒毒，往往会表现出害怕和抗拒。作为我国目前最为严厉的戒毒措施，强制隔离戒毒对吸毒人员具有强制性和较高的威慑性。

1.强制隔离戒毒的概念

强制隔离戒毒是指对吸毒成瘾严重人员，由县级以上公安机关决定，送公安或司法行政部门设立的强制隔离戒毒所执行集生理脱毒、心理康复和社会回归于一体的为期两年的行政强制戒毒措施。简单来讲，强制隔离戒毒就是通过在强制隔离戒毒所实现毒瘾戒断治疗的一种措施。在戒毒所内，戒毒人员与毒品实现了物理隔离，戒毒人员无法接触到毒品。

强制隔离戒毒措施有三个特征：（1）强制隔离戒毒是一种行政强制措施，强制戒毒人员完成戒毒义务，并非行政处罚措施；（2）强制隔离戒毒是限制人身自由的措施，强制隔离戒毒所是封闭的环境，有专门的警察监管，不能随意出入，这点与社区戒毒存在明显的区别；（3）正是因为强制隔离戒毒限制人身自由，具有较高的威慑性，所以戒毒效果也相对较好。

2.强制隔离戒毒的场所

目前我国强制隔离戒毒的场所有两种，一是公安机关强制隔离戒毒所，二是司法行政机关强制隔离戒毒所。这种管理模式又被称作“二元制管理模式”。

实践中怎么操作呢？根据《戒毒条例》第27条第2款的规定，被强制隔离戒毒的人员要先在公安机关的强制隔离戒毒场所执行强制隔离戒毒3至6个月，再转至司法行政部门的强制隔离戒毒场所继续执行强制隔离戒毒。当然，无论是在公安机关的强制隔离戒毒所，还是在司法行政部门的强制隔离戒毒所，戒毒人员的衣食住行、就医等费用都由国家承担，此外，戒毒人员参加劳动的，还能得到相应的报酬。

3.强制隔离戒毒措施的适用条件

根据《禁毒法》第38条的规定，吸毒成瘾人员有下列情形之一的，由县级以上人民政府公安机关作出强制隔离戒毒的决定：（1）拒绝接受社区戒毒的；（2）在社区戒毒期间吸食、注射毒品的；（3）严重违反社区戒毒协议的；（4）经社区戒毒、强制隔离戒毒后再次吸食、注射毒品的。此外，对于吸毒成瘾严重，通过社区戒毒难以戒除毒瘾的人员，公安机关可以直接作出强制隔离戒毒的决定。吸毒成瘾人员自愿接受强制隔离戒毒的，经公安机关同意，可以进入强制隔离戒毒场所戒毒。

2018年10月12日，北京石景山公安分局根据群众举报，在北京市某小区将涉嫌吸毒嫌疑人员甲抓获。甲因吸毒、非法持有少量毒品被石景山公安分局行政拘留。石景山公安分局依法对甲作出强制隔离戒毒的决定。甲涉毒的新闻曝光后，有不少网友质疑，说为什么对甲采取的措施不是社区戒毒，而是强制隔离戒毒呢？实际上，这并不是甲第一次被抓获，早在2015年，甲就因多次吸毒被上海警方作出社区戒毒的处理。因为甲已被上海警方责令过社区戒毒，因此，甲属于吸毒成瘾人员。根据《禁毒法》的规定，吸毒成瘾人员在社区戒毒期间吸食毒品的，将被作出强制隔离戒毒决定，所以对于甲的处理是符合法律规定的。

强制隔离戒毒的期限为两年，根据戒毒情况以及戒毒表现，也可以延长，但是最多只可延长一年。除了可以延长，强制隔离离戒毒还可以提前解除，也就是缩短戒毒的时间。执行强制隔离戒毒一年后，经诊断评估，对于戒毒情况良好的戒毒人员，强制隔离戒毒场所可以提出提前解除强制隔离戒毒的意见，报强制隔离戒毒的决定机关批准后就可以提前出所。

三、戒毒药物维持治疗

在戒毒过程中，当吸毒人员痛苦难忍时，能不能给他喂一些毒品来减轻他的痛苦？禁毒实践中有一种做法虽然与“喂毒品”这种方式有本质区别，但行为方式上有些类似，那就是戒毒药物维持治疗。

王某是一名吸食海洛因成瘾者，她按照要求到当地疾控中心门诊进行戒毒，每天按照医嘱服用一定剂量的治疗药物美沙酮，用于缓解毒瘾发作的痛苦。后来，王某去其他城市找工作，担心无法每天及时到指定门诊领取美沙酮，所以在每次服用时，她都藏匿一部分含在嘴里，乘人不备偷偷吐到事先准备好的药瓶内。王某通过这种方式慢慢积攒了数百克美沙酮。一天，王某在火车站过安检时，民警从其携带的4瓶塑料瓶内查获美沙酮共计300余克。王某被依法追究非法持有毒品罪的刑事责任。

（一）戒毒药物维持治疗的概况

实践中，戒毒药物维持治疗主要是利用美沙酮对海洛因等阿片类物质成瘾者进行替代治疗，维持治疗使用的药品为盐酸美沙酮口服溶液。

美沙酮是一种人工合成的麻醉药品，具有镇痛作用，药效与吗啡类似，但具有作用时间较长、不易产生耐受性、药物依赖性低等特点。人们发现此药具有治疗海洛因依赖脱毒和替代维持治疗的药效作用。

美沙酮维持治疗，是指在经国家有关行政部门批准的从事戒毒药物维持治疗工作的医疗机构，采用盐酸美沙酮口服溶液作为治疗药物，对阿片类物质（海洛因、鸦片等）成瘾者进行长期维持治疗，以减轻他们对阿片类物质的依赖，使其免遭戒断症状的困扰，促进身体康复并改变其共用注射器吸毒传播疾病（特别是艾滋病）的高危险行为，进而恢复家庭社会功能的一种综合性治疗方法。

简单来讲，就是用毒性较小、副作用较少的一些药物来替代海洛因这类硬性毒品，以此减轻戒毒人员的痛苦症状，减少他们对毒品的依赖。

（二）戒毒药物维持治疗的特点

1.方便性。治疗点一般设置在社区，对于接受戒毒药物维持治疗的戒毒人员相对便利。

2.归属性。戒毒药物维持治疗过程中，戒毒人员不脱离社会与家庭，可与正常人一样在社区工作、学习、生活，接受治疗的同时也可尽到为人父母、为人子女的家庭责任。

3.公益性。根据2015年2月1日起施行的《戒毒药物维持治疗工作管理办法》要求，戒毒药物维持治疗工作是防治艾滋病

与禁毒工作的重要组成部分，必须坚持公益性原则，不得以营利为目的。

4.综合性。戒毒药物维持治疗是一种综合干预工作。维持治疗机构应当与社区戒毒和社区康复工作机构相互配合，对正在执行社区戒毒、社区康复的治疗人员开展必要的社会心理干预等工作。

（三）戒毒药物维持治疗的适用条件

符合什么样的条件能够参加戒毒药物维持治疗呢？根据《戒毒药物维持治疗工作管理办法》第22条的规定，戒毒药物维持治疗者必须符合下列规定：（1）年龄在18周岁以上、有完全民事行为能力的阿片类物质成瘾者，可以按照自愿的原则申请参加维持治疗；（2）18周岁以下的阿片类物质成瘾者，采取其他戒毒措施无效且经其监护人书面同意，可以申请参加维持治疗；（3）有治疗禁忌症的，暂不宜接受维持治疗。禁忌症治愈后，可以申请参加维持治疗。

（四）戒毒药物维持治疗的注意事项

1.剂量适当。美沙酮其实和海洛因、吗啡一样，也是毒品的一种，通常的维持剂量是60~120毫升/天，服用适当剂量的美沙酮口服液能够使患者降低对海洛因的渴求度，不会使服用者产生过度镇静和快感。但如果超量，就会产生副作用，也会导致服用者形成依赖，甚至中毒死亡。

2.当场服用。服药人必须当着医生的面把药喝光，不得带走。这也是为了防止药物流入市场，造成恶劣影响。

3. 可以异地服药。根据《戒毒药物维持治疗工作管理办法》第30条第1款规定，因户籍所在地或者现居住地发生变化，不能在原维持治疗机构接受治疗的，治疗人员应当及时向原维持治疗机构报告，由原维持治疗机构负责治疗人员的转介工作，以继续在异地接受维持治疗服务。

4. 警惕监管漏洞。由于美沙酮也是毒品的一种，所以在实践中必须高度警惕美沙酮成瘾。目前已经有吸毒人员出现了服用美沙酮成瘾的现象，甚至出现了非法交易美沙酮的案件，这与戒毒药物维持治疗工作的目的相悖。对此一定要加强监管，防止更大危害发生。

知识测试

一、单选题

1.距离发根3厘米以内的头发样本检测结果为阳性的，表明被检测人员在毛发样本提取之日前（　　）内摄入过毒品。

A.9个月　　B.3个月

C.12个月　　D.6个月

2.下列属于药物脱毒法的是（　　）。

A.增强体育运动　　B.谈心谈话治疗

C.美沙酮替代治疗　　D.VR厌恶治疗

3.对自愿接受戒毒治疗的吸毒人员，公安机关对其原吸毒行为（　　）。

A.不予处罚　　B.减轻处罚

C.酌情处罚　　D.从轻处罚

4.下列不属于强制隔离戒毒措施的特征的是（　　）。

A.限制人身自由　　B.较高的威慑性

C.可以外出务工　　D.期限为两年

5.下列不属于成瘾认定条件的是（　　）。

A.有戒断症状或者有证据证明有吸毒史

B.有自伤自残的肇事肇祸行为

C.经人体生物样本检测证明其体内含有毒品成分

D. 有证据证明其有使用毒品行为

二、多选题

6. 吸毒检测的样本包括（ ）。

A. 毛发　　B. 血液

C. 唾液　　D. 尿液

7. 下列不是吸毒成瘾认定主体的是（ ）。

A. 司法行政部门

B. 公安机关

C. 公安院校

D. 公安机关委托的戒毒医疗机构

8. 吸毒可能承担哪些法律后果？（ ）

A. 强制隔离戒毒　　B. 劳动教养

C. 行政处罚　　D. 社区戒毒

9. 下列哪些属于社区戒毒的特征？（ ）

A. 期限为一年　　B. 定期接受吸毒检测

C. 不限制人身自由　　D. 法定的戒毒措施

10. 吸毒成瘾人员有下列哪种情形时，公安机关可以作出强制隔离戒毒的决定？（ ）

A. 经社区戒毒、强制隔离戒毒后再次吸食注射毒品

B. 在社区戒毒期间吸食、注射毒品

C. 严重违反社区戒毒协议

D. 拒绝接受社区戒毒

三、判断题

11. 拒绝接受吸毒检测的，经县级以上公安机关或者其派出机构负责人批准，可以进行强制检测。(　　)

12. 在我国，吸毒行为是一种犯罪行为，将会受到严厉的刑事处罚。(　　)

13. 吸毒成瘾人员可以自愿到强制隔离戒毒场所戒毒。(　　)

14. 美沙酮不是毒品，所以可以被用于替代治疗。(　　)

15. 强制隔离戒毒人员符合一定条件的，可以提前出所，也可以延长戒毒期限。(　　)

参考答案

1. D　2. C　3. A　4. C　5. B

6. ABCD　7. AC　8. ACD　9. BCD　10. ABCD

11. √　12. ×　13. √　14. ×　15. √

第四章　毒品犯罪

第一节　毒品犯罪概况

参考我国对犯罪的定义，毒品犯罪可以被定义为违反《禁毒法》，破坏禁毒管制活动，应受刑事处罚的行为。可见，毒品犯罪是《刑法》规定的具有较大社会危害性，应受刑事处罚的犯罪行为。而实践中较为常见的吸毒行为，《刑法》并未将其规定为犯罪，故不属于毒品犯罪，而是治安违法行为。

一、毒品犯罪的类型

1.经营牟利型毒品犯罪。这种毒品犯罪的主要目的是经营牟利。包括：走私、贩卖、运输、制造毒品罪，非法生产、买卖、运输制毒物品、走私制毒物品罪，非法买卖、运输、携带毒品原植物种子、幼苗罪，非法种植毒品原植物罪。

2.持有型毒品犯罪。包括：非法持有毒品罪，非法持有毒品原植物种子、幼苗罪。

3.妨害禁毒司法活动型毒品犯罪。这种类型的毒品犯罪与司法机关正常的禁毒活动有关。包括：包庇毒品犯罪分子罪，窝藏、转移、隐瞒毒品、毒赃罪。

4.促进毒品消费型毒品犯罪。这类犯罪活动促进了毒品消费，一般而言与吸毒人员有着紧密关联。包括：引诱、教唆、欺骗他人吸毒罪，强迫他人吸毒罪，容留他人吸毒罪，非法提供麻醉药品、精神药品罪。

二、毒品犯罪的处罚原则

1.从严处罚原则。对于毒品犯罪，我国历来保持高压的打击态势，可以说，毒品犯罪是重罪，需要承担非常严重的法律后果。从严处罚体现在以下三点：（1）部分犯罪没有入罪数额要求。《刑法》规定，走私、贩卖、运输、制造毒品，无论数量多少，都应当追究刑事责任。也就是说，即使行为人只贩卖、运输了1克甚至0.01克的冰毒，也会被追究刑事责任，而不像盗窃罪等侵犯财产罪有入罪数额的要求。（2）毒品的数量不以纯度计算。换句话说，不论毒品是怎样的纯度，其数量都要计算到最终定罪量刑的毒品总数中。（3）毒品犯罪的刑罚普遍适用附加财产刑，并且独创性地规定了毒品再犯制度，即对于多次实施毒品犯罪的，要从重处罚。

2.注重经济处罚原则。毒品犯罪是暴利性犯罪，毒贩铤而走险就是为了获得巨额的利润。为此，我国在对毒品犯罪处罚时，注重采取经济处罚，这样可以有效地剥夺毒贩再次犯罪的能力，使其在犯罪中得不到任何好处。所以，《刑法》对毒品犯罪广泛适用附加财产刑，包括罚金和没收财产。此外，我国禁毒实践中一项重要的工作就是涉毒财产追缴和没收，即从经济方面限制毒品犯罪的蔓延，实现对毒品犯罪的有效打击。

3.区别对待原则。不同类型的毒品在定罪量刑上有所区别，毒品数量的不同也会影响定罪量刑。我国刑事法律和司法解释对毒品犯罪的定罪量刑标准进行了细化，同时确定了毒品犯罪的法定从重和从宽处罚的情节。

第二节　经营牟利型毒品犯罪

一、走私、贩卖、运输、制造毒品罪

在国外留学的张三利用国际物流将50克冰毒邮寄给国内的同学李四。李四将冰毒按照每克500元的价格销售给王五和赵六。

赵六驾驶私家车将其购买的冰毒从四川成都运输至湖北武汉交给孙七。孙七精通化学知识，通过对该批冰毒的研究，利用制毒原料制成了纯度更高的冰毒，并以每克900元的价格销售给吸毒人员田八和段九。

（一）罪名概述

案例中，行为人分别实施了走私、贩卖、运输、制造毒品的行为，涉嫌构成走私、贩卖、运输、制造毒品罪。这个罪名属于选择性罪名。选择性罪名，既可以概括使用，也可以分解使用。也就是说，行为人触犯哪一种行为，就构成相应的罪名，不实行数罪并罚。比如行为人有走私毒品行为，就构成走私毒品罪；行为人有走私毒品行为，同时也有贩卖毒品行为，就构成走私、贩卖毒品罪。

走私、贩卖、运输、制造毒品罪可以拆分为四个罪名。

1.走私毒品罪，是指违反毒品管理法规和海关管理法规，逃避海关监管，非法将毒品运输、携带、寄递进出国（边）境的行为。简单来理解，走私毒品的行为使毒品实现了在国境或边境之间的流通，如行为人将美国的毒品非法带到我国境内，就属于走私毒品罪。

2.贩卖毒品罪，是实践中最为常见的一种罪名，是指明知是毒品而非法销售或者以贩卖为目的非法收购毒品的行为。一般表现为低价买进高价卖出，比如以5万元购进500克冰毒，再以20万元卖出，通过倒手转卖获利，从而构成贩卖毒品罪。

3.运输毒品罪，是指违反毒品管理法规，明知是毒品而采用携带、寄递、托运、利用他人或者使用交通工具等方法在我国境内运送毒品的行为。实践中运输毒品的方式多种多样，特别是利用人体藏毒方式运输毒品的行为，给禁毒工作带来一定的挑战。

4.制造毒品罪，是指违反毒品管理法规，非法用毒品原植物提炼、用化学方法或者以改变毒品成分和效用为目的的混合等物理方法加工、配制毒品的行为。毒品的形成一般有两种方式：一种是种植，如种植罂粟进而制取鸦片；另一种就是制造，如用化学合成的方式加工出毒品。

（二）犯罪认定

上述案例中，张三从国外寄送冰毒至国内，属于非法将毒品以邮递的方式寄递进国境的行为，构成走私毒品罪；李四明知冰毒是毒品而非法销售的行为，构成贩卖毒品罪；赵六使用交通工具在我国境内运送毒品的行为构成运输毒品罪；孙七利用制毒原料制毒的行为构成制造毒品罪，同时其销售毒品的行为构成贩卖毒品罪，所以孙七构成贩卖、制造毒品罪。

在犯罪主体方面，贩卖毒品罪较为特殊，主要表现为在刑事责任年龄上的要求。根据《刑法》的规定，贩卖毒品罪的犯罪主体是已满14周岁的具有刑事责任能力的自然人，而走私、运输、制造毒品罪的犯罪主体则是已满16周岁的具有刑事责任能力的人。此外，单位也可以构成走私、贩卖、运输、制造毒品罪的主体。

在犯罪主观方面，走私、贩卖、运输、制造毒品罪要求行为人对毒品具有主观明知，也就是行为人明知是毒品而实施走私、贩卖、运输、制造的行为，如果行为人确实不知道是毒品而实施相应行为，则不构成此罪。例如，张三是面粉经营者，其销售的面粉中被李四藏匿毒品，张三确实不知情，虽然看似有销售毒品的行为，但不构成贩卖毒品罪。

（三）刑事处罚

根据《刑法》第347条的规定，走私、贩卖、运输、制造毒品，无论数量多少，都应当追究刑事责任，予以刑事处罚。

走私、贩卖、运输、制造毒品，有下列情形之一的，处15年有期徒刑、无期徒刑或者死刑，并处没收财产：（1）走私、贩卖、运输、制造鸦片1000克以上、海洛因或者甲基苯丙胺50克以上或者其他毒品数量大的；（2）走私、贩卖、运输、制造毒品集团的首要分子；（3）武装掩护走私、贩卖、运输、制造毒品的；（4）以暴力抗拒检查、拘留、逮捕，情节严重的；（5）参与有组织的国际贩毒活动的。

走私、贩卖、运输、制造鸦片200克以上不满1000克、海洛因或者甲基苯丙胺10克以上不满50克或者其他毒品数量较大的，处7年以上有期徒刑，并处罚金。

走私、贩卖、运输、制造鸦片不满200克、海洛因或者甲基苯丙胺不满10克或者其他少量毒品的，处3年以下有期徒刑、拘役或者管制，并处罚金；情节严重的，处3年以上7年以下有期徒刑，并处罚金。

单位犯该罪的，对单位判处罚金，并对其直接负责的主管人员和其他直接责任人员，依照该条各款的规定处罚。

利用、教唆未成年人走私、贩卖、运输、制造毒品，或者向未成年人出售毒品的，从重处罚。

对多次走私、贩卖、运输、制造毒品，未经处理的，毒品数量累计计算。

二、非法种植毒品原植物罪

董某某在菜地里种植罂粟，供自己食用。后公安机关在该地查获罂粟幼苗2621株，并在董某某家中查获带壳罂粟种子78.56克。经鉴定，被查获的罂粟植株为毒品罂粟原植物，未灭活。法院经审理后认为，被告人董某某非法种植毒品原植物罂粟数量较大，已构成非法种植毒品原植物罪。最后，董某某被判处有期徒刑2年，缓刑2年6个月，并处罚金8000元。

（一）罪名概述

非法种植毒品原植物罪，是指明知是罂粟、大麻、古柯树等毒品原植物而非法种植且具有法定情形的行为。禁毒实践中，私自种植毒品原植物特别是罂粟的行为时有发生，行为人种植的理由往往是出于观赏、好奇、治病。“罂粟可以治病”“种植一株不会被处罚”“在家种植不会被发现”等错误认识在一定程度上助长了非法种植毒品原植物的行为。因此，我们有必要全面了解非法种植毒品原植物罪。

（二）犯罪认定

非法种植毒品原植物罪表现为非法种植毒品原植物且具有法定情形的行为。根据《刑法》及《最高人民检察院、公安部关于公安机关管辖的刑事案件立案追诉标准的规定（三）》的规定，非法种植毒品原植物罪中的法定情形包括以下情形：（1）种植毒品原植物数量较大的，即罂粟500株以上、大麻5000株以上或者其他毒品原植物数量较大的；（2）非法种植罂粟200平方米以上、大麻200平方米以上或者其他毒品原植物面积较大，尚未出苗的；（3）经公安机关处理后又种植的；（4）抗拒铲除的。

也就是说，只有符合上述情形，才可以以该罪追究行为人的刑事责任。如果行为人种植了200株罂粟或者200株大麻，都不构成非法种植毒品原植物罪，此时就不能追究其刑事责任，但可以追究其行政责任。《治安管理处罚法》第71条明确规定，非法种植罂粟不满500株或者其他少量毒品原植物的，处10日以上15日以下拘留，可以并处3000元以下罚款；情节较轻的，处5日以下拘留或者500元以下罚款。

（三）刑事处罚

《刑法》第351条规定，非法种植罂粟、大麻等毒品原植物的，一律强制铲除。有下列情形之一的，处5年以下有期徒刑、拘役或者管制，并处罚金：（1）种植罂粟500株以上不满3000株或者其他毒品原植物数量较大的；（2）经公安机关处理后又种植的；（3）抗拒铲除的。

非法种植罂粟3000株以上或者其他毒品原植物数量大的，处5年以上有期徒刑，并处罚金或者没收财产。

非法种植罂粟或者其他毒品原植物，在收获前自动铲除的，可以免除处罚。这是因为如果在收获前自动铲除，并未造成恶劣的社会危害后果，对此可以免除处罚。

（四）案例警示

实践中，许多人误以为罂粟或大麻能治病而种植，然而一不小心就会触犯刑法，承担相应的刑事责任。“罂粟可以治病”等错误认识要及时纠正和澄清。罂粟、大麻等毒品原植物作为药用原料，必须经过评估、加工、提炼、实验等精细的制药过程，确保在合理的剂量范围之内才能具备药用价值，因此私自种植食用的行为会产生较大的风险，可能会对人的生理和心理造成不可逆的损害，必须高度警惕。

目前，在识别和查处工作方面，遥感技术、智能识别、大数据情报研判等技术已经得到深度运用，能够为公安机关精准识别毒品原植物及种植行为提供有力支撑；禁种铲毒长期以来就是禁毒领域的重要工作，禁毒部门积累了非常丰富的查处经验，构建了从毒品原植物种子生产、销售到运输等各个环节的动态监管和跟踪机制。

因此，所谓“在家种植不会被发现”“罂粟和其他花儿无法分辨”的说法也是错误的，要避免此类侥幸心理。我们应当充分认识到，罂粟等毒品原植物是毒品这一罪恶的来源之一，非法种植罂粟等毒品原植物的行为会被追究相应法律责任。

第三节　持有型毒品犯罪

一、非法持有毒品罪

2015年2月，歌手甲涉嫌非法持有毒品案在北京市朝阳区人民法院开庭审理。最终，法院以非法持有毒品罪判处甲有期徒刑7个月，罚金2000元。

（一）罪名概述

非法持有毒品罪，是指明知是毒品而非法持有并且数量较大的行为。

（二）犯罪认定

构成非法持有毒品罪需要满足三个条件：一是明知，也就是说行为人明知自己持有的是毒品，具有违法性。二是持有性，行为人必须实施了持有毒品的行为，而不是贩卖、运输毒品等行为，如果有贩卖、运输毒品的行为，直接定贩卖、运输毒品罪。三是数量要求，非法持有毒品必须满足数量较大的标准，才可以构成非法持有毒品罪；如果未达到数量要求，则不构成犯罪行为，属于《治安管理处罚法》的范畴。

实践中还常常发生吸毒人员持有毒品的行为，对此要根据持有的数量以及吸食的数量进行综合分析。一般而言，吸毒人员持有毒品数量较少的，不构成犯罪，但如果持有的毒品数量较大，比如持有冰毒10克以上，则应追究其非法持有毒品罪的刑事责任。吸毒人员在吸食毒品过程中也会消耗毒品，那么已经被其吸食的毒品则不能计算在非法持有毒品的数量之中。比如吸毒人员购买了20克冰毒，但自己吸食了15克，案发时警方只查获了5克的冰毒，此时就不能追究其非法持有毒品罪的刑事责任了。

（三）刑事处罚

《刑法》第348条规定，非法持有鸦片1000克以上、海洛因或者甲基苯丙胺50克以上或者其他毒品数量大的，处7年以上有期徒刑或者无期徒刑，并处罚金；非法持有鸦片200克以上不满1000克、海洛因或者甲基苯丙胺10克以上不满50克或者其他毒品数量较大的，处3年以下有期徒刑、拘役或者管制，并处罚金；情节严重的，处3年以上7年以下有期徒刑，并处罚金。

二、非法持有毒品原植物种子、幼苗罪

郭某将从集市上买来的菜籽种在自家院内，一段时间后，发现土里长出两三株罂粟，郭某觉得罂粟花十分美丽，便留下罂粟籽，连续两年种植在自家院中观赏，直到案发。后被民警查获净重53.84克的罂粟种子，未灭活。法院经审理后认为，郭某非法持有未经灭活的毒品原植物种子，数量较大，其行为侵犯了国家对毒品的管理制度，已构成非法持有毒品原植物种子罪，依法应予惩处。由于郭某到案后如实供述自己的罪行，系自首，且认罪认罚，可依法从轻处罚并适用缓刑。最终法院判处郭某拘役4个月，缓刑6个月，并处罚金人民币1000元。

（一）罪名概述

根据《刑法》第352条的规定，非法持有毒品原植物种子、幼苗罪是指违反国家规定，非法持有未经灭活的毒品原植物种子或者幼苗，数量较大的行为。该罪和非法持有毒品罪的主要区别就是持有对象上的区别。

（二）犯罪认定

本罪侵犯的客体是国家对毒品原植物的管理制度。犯罪对

象是未经灭活的毒品原植物种子或者幼苗，未经灭活，也就是能存活。如果持有已经灭活的毒品原植物的种子或者幼苗，则不构成本罪。

构成本罪的行为主要表现为违反国家有关法规，非法持有毒品原植物种子或者幼苗，数量较大。所谓非法持有，是指违反国家规定，没有合法的携带权、持有权而占有、携带、藏有或者以其他方式携带、持有未经灭活的罂粟等毒品原植物种子或幼苗的行为。

（三）刑事处罚

根据《刑法》第352条的规定，犯非法持有毒品原植物种子、幼苗罪的，处3年以下有期徒刑、拘役或者管制，并处或者单处罚金。

（四）案例警示

罂粟是一种广为人知的毒品原植物，植株比较粗壮，花朵十分艳丽动人。案例中，郭某将罂粟种子留下，种在自家院中观赏，殊不知自己已经触犯法律。

我国法律明令禁止一切未经许可擅自种植罂粟或买卖、运输、携带、持有罂粟种子或者幼苗的行为。非法持有罂粟等毒品原植物种子的行为轻则违反《治安管理处罚法》，重则触犯《刑法》。提醒读者，一定要加强对毒品的认识，辨别毒品原植物，架起对毒品原植物“零触碰”的高压线，自觉抵制毒品，不种或自觉铲除毒品原植物，杜绝毒品原植物的蔓延。

第四节　妨害禁毒司法活动型毒品犯罪

一、包庇毒品犯罪分子罪

彭某明知丈夫林某从事贩卖毒品的犯罪活动，为帮助丈夫逃避法律责任，在民警对其家进行搜查时，将丈夫藏于家中的26小包毒品从窗口抛扔至楼下。后该毒品被查获，经鉴定称量，彭某抛扔的毒品为海洛因，净重56.375克。法院经审理认为，被告人彭某在公安机关查处毒品犯罪活动时，为犯罪分子销毁罪证，其行为构成包庇毒品犯罪分子罪。法院最终判决被告人彭某犯包庇毒品犯罪分子罪，判处有期徒刑3年，缓刑3年。

（一）罪名概述

包庇毒品犯罪分子罪，是指明知是走私、贩卖、运输、制造毒品犯罪分子，而向司法机关作假证明掩盖其罪，或者帮助其毁灭罪证使其逃避法律制裁的行为。

（二）犯罪认定

案例中，彭某以包庇毒品犯罪分子罪被追究刑事责任的主要原因是其明知道丈夫是贩卖毒品的犯罪分子，而采取隐藏、转移、毁灭证据等行为，意图掩盖其丈夫罪行。实践中，包庇毒品犯罪分子罪主要行为方式包括：

第一，作虚假证明，帮助掩盖罪行。比如明知道张三是毒贩，但是李四却告诉警察说张三是大好人，没有从事毒品犯罪活动等。

第二，帮助隐藏、转移或者毁灭证据。比如明知张三是毒贩，在警察要到家里调查时，李四主动把张三的毒品藏匿，或者从下水道冲走等。

第三，帮助取得虚假身份或者身份证件。比如帮助毒贩办理虚假身份证的行为。

第四，以其他方式包庇犯罪分子。

此外，《刑法》中还有一个罪名叫包庇罪。包庇罪和包庇毒品犯罪分子罪最主要的区别是包庇的对象不同。包庇毒品犯罪分子罪中所包庇的对象是走私、贩卖、运输、制造毒品罪的犯罪分子，而包庇罪中所包庇的对象则是走私、贩卖、运输、制造毒品罪之外的犯罪分子。我国为了严厉打击毒品犯罪而针对包庇毒品犯罪分子的行为单独设置了罪名。

（三）刑事处罚

《刑法》第349条规定，包庇走私、贩卖、运输、制造毒品的犯罪分子的，处3年以下有期徒刑、拘役或者管制；情节严重的，处3年以上10年以下有期徒刑。缉毒人员或者其他国家机关工作人员掩护、包庇走私、贩卖、运输、制造毒品的犯罪分子的，从重处罚。

犯包庇毒品犯罪分子罪，事先通谋的，以走私、贩卖、运输、制造毒品罪的共犯论处。

二、窝藏、转移、隐瞒毒品、毒赃罪

程某某、石某某多次电话联系，双方约定石某某向程某某购买毒品，在山西省晋城市交易。某日，程某某携带7包甲基苯丙胺，以到晋城市游玩为由，邀被告人周某某与其同行，二人乘坐大巴车从重庆到西安，后租车从西安到晋城。此时，周某某尚不知程某某此行目的及随身带有毒品的事实。次日21时许，石某某在晋城市某小区以19.82万元向程某某购买了7包甲基苯丙胺。周某某在场看到双方交易，才意识到程某某在贩毒。此后，程某某让周某某帮忙保管钱。当日民警将携带毒资准备返回重庆的程某某、周某某抓获，从周某某的随身物品中查获其帮助保管的毒资17万元，扣押程某某现金2.82万元。法院经审理认为，周某某为贩卖毒品的犯罪分子窝藏、转移犯罪所得财物，情节严重，其行为构成窝藏、转移毒赃罪，判处有期徒刑8年。

（一）罪名概述

窝藏、转移、隐瞒毒品、毒赃罪，是指为走私、贩卖、运输、制造毒品的犯罪分子窝藏、转移、隐瞒毒品或者犯罪所得的财物的行为。

（二）犯罪认定

犯罪分子在进行贩卖、运输毒品活动时，为掩人耳目以游玩为名邀请他人陪同。受邀人在受蒙蔽的情况下被卷入毒品犯罪，按照主客观相统一的原则不应追究其刑事责任。但在陪同过程中，一旦发现邀请人随身携带毒品或者与他人进行毒品交易，却既不举报又不离开，仍然陪同邀请人，甚至还帮助其保管与毒品犯罪相关的财物，则其主观上已经具有帮助犯罪分子隐匿罪证、妨害司法机关调查取证、使犯罪分子逃避法律制裁的犯罪故意，故上述案例中，周某某被依法予以惩处。

实践中，窝藏、转移、隐瞒毒品、毒赃的行为主要表现为：（1）窝藏，就是把毒品、毒赃藏起来，比如埋到地下、藏到树上等；（2）转移，是将毒品、毒赃实现位移，比如从毒贩家中转移到他人的出租屋内；（3）隐瞒，就是隐瞒真相，明明知道毒品、毒赃的去处，但对于司法机关的追问拒不告诉或者故意说谎。

（三）刑事处罚

《刑法》第349条规定，为犯罪分子窝藏、转移、隐瞒毒品或者犯罪所得的财物的，处3年以下有期徒刑、拘役或者管制；情节严重的，处3年以上10年以下有期徒刑。犯本罪，事先通谋的，以走私、贩卖、运输、制造毒品罪的共犯论处。

第五节 促进毒品消费型毒品犯罪

一、引诱、教唆、欺骗他人吸毒罪

江某是个“瘾君子”，曾多次因吸食毒品被行政处罚和强制隔离戒毒。某天晚上，江某和朋友在KTV唱歌、喝酒，其间他打电话叫来自己新认识的女朋友黄某一同玩耍。在包厢内，他们把音乐开得很大声，这时，江某拿出两个盘子，装着白色粉末。黄某认出了这是冰毒，就问江某吸食毒品是否会上瘾。江某说不仅不会上瘾，还能帮助黄某减肥，让黄某跟着他学习如何吸食。黄某就学着吸食起来，在吸食过程中，恰巧碰上警察巡查，当场被警方抓获。后江某以涉嫌引诱、教唆他人吸毒罪被提起公诉。

（一）罪名概述

引诱、教唆、欺骗他人吸毒罪，简单来讲就是故意以引诱、教唆、欺骗为手段，促使他人吸食、注射毒品的行为。

（二）犯罪认定

案例中，江某故意引诱本来无意吸毒的黄某吸食冰毒，并且向黄某传授吸食方法，破坏了毒品管理制度，同时也损害了黄某的身体健康，构成引诱、教唆他人吸毒罪。

所谓“引诱”是指通过宣扬吸毒后的感受诱导或者以金钱、物质利益鼓动没有吸毒愿望的人吸毒；“教唆”是指以传授、示范吸毒等方法怂恿、劝说没有吸毒愿望的人吸毒；“欺骗”是指以捏造事实或者隐瞒事实真相的方式哄骗他人吸毒。实践中常见的话术包括“吸吧，吸完后就没烦恼了”“吸吧，吸完给你一条金项链”“吸吧，吸完可以治牙疼”“吸吧，这不是毒品，是感冒药”“吸吧，这个可以减肥”“吸吧，吸毒的样子多帅”……要知道，这些都是关于毒品的谎言，也是犯罪分子惯用的伎俩。

（三）刑事处罚

《刑法》第353条第1款、第3款规定，引诱、教唆、欺骗他人吸食、注射毒品的，处3年以下有期徒刑、拘役或者管制，并处罚金；情节严重的，处3年以上7年以下有期徒刑，并处罚金。引诱、教唆、欺骗未成年人吸食、注射毒品的，从重处罚。

二、强迫他人吸毒罪

15岁的阿丽是一名初中在校生，暑假期间她通过一个微信好友介绍做起了网络直播的主播工作。尝试几次后，阿丽提出不愿意继续从事主播工作。聘请她的几名无业人员心生不满，为了继续控制阿丽，不仅对她非法拘禁、殴打、罚跪，还强迫她吸食毒品。案发后，警方以涉嫌非法拘禁罪和强迫他人吸毒罪两项罪名对上述无业人员立案调查。

（一）罪名概述

强迫他人吸毒罪是指违背他人意志，使用暴力、胁迫或者其他方法，迫使他人吸食、注射毒品的行为。可以看出，他人吸毒的原因是受到了暴力、胁迫，而并非基于自身的意愿。

（二）犯罪认定

强迫他人吸毒罪表现为违背他人意志，使用暴力、胁迫或其他方法迫使他人吸毒的行为，比如恐吓他人，称如果不吸毒就杀害其父母。上述案例中，几名无业人员明知毒品危害，而采取拘禁、殴打等方式，强迫阿丽吸毒，严重损害了阿丽的身心健康，破坏了社会稳定，故构成强迫他人吸毒罪。

实施强迫他人吸毒行为时，往往会发生致人死亡的结果，此时如何认定罪名呢？一般来讲，如果行为人以强迫他人吸食毒品为手段，企图杀死他人，则应当以故意杀人罪论处。这时强迫他人吸毒成为杀人的一种手段，直接定故意杀人罪即可。如果行为人强迫他人吸食、注射毒品常量或者少量，但不慎造成他人死亡，则应当以强迫他人吸毒罪从重处罚。这时行为人主观上是为了强迫他人吸食毒品，客观上因为每个人对于毒品的耐受性不同而导致他人的死亡，对于这种行为，应当以强迫他人吸毒罪或过失致人死亡罪定罪处罚。

（三）刑事处罚

《刑法》第353条第2款、第3款规定，强迫他人吸食、注射毒品的，处3年以上10年以下有期徒刑，并处罚金。强迫未成年人吸食、注射毒品的，从重处罚。

三、容留他人吸毒罪

一天晚上，为庆祝生日，胡某在某会所开了一间包厢，并邀请王某、许某、徐某等人在包厢内喝酒、玩乐。其间，胡某认为不够尽兴，遂购买了3包“神仙水”粉末（K粉），供王某、

许某、徐某在包厢的厕所内吸食。后胡某被抓获归案。法院认为，被告人胡某容留多人吸食毒品，其行为已构成容留他人吸毒罪，遂判处其有期徒刑9个月，并处罚金人民币6000元。

（一）罪名概述

容留他人吸毒罪是指违反国家规定，为他人吸食、注射毒品提供场所的行为。

（二）犯罪认定

容留他人吸毒罪的行为方式就是提供场所进而容留他人吸食、注射毒品。容留他人吸毒行为使吸毒人员有所庇护，会变相地增加吸毒人员数量，此外还会严重影响社会管理秩序。上述案例中，胡某为王某等人提供场所（会所包厢）供其吸食毒品，构成容留他人吸毒罪，应依法追究相关刑事责任。

在具体认定中，我们要准确理解容留他人吸毒罪中“提供”和“场所”两个关键词的含义。容留他人吸毒罪表现为为他人吸食、注射毒品提供场所。这里的“提供”，可以是有偿的，也可以是无偿的；可以是主动提供，也可以是被动提供。比如，张三有一处出租房，他将其免费提供给李四等人吸毒，也构成容留他人吸毒行为；如果不是张三主动提出把自己的出租房提供给李四等人吸毒用，而是在李四等人的一再要求下，张三才交出了出租房钥匙，这种被动的情形也构成容留他人吸毒行为。

容留他人吸毒罪中的“场所”指的是一切被行为人实际控制的可供吸毒的场所。场所认定是宽泛的，包括住宅、出租屋、娱乐场所包厢、汽车、轮船、旅馆房间等。实践中还发生了在出租车上司机容留乘客吸毒的案例。这里的“场所”应是行为人实际控制的场所，即行为人对场所具有控制权，如果不是行为人实际控制的场所，则不满足定罪的要求。

向他人贩卖毒品后又容留其吸食、注射毒品，或者容留他人吸食、注射毒品并向其贩卖毒品，符合容留他人吸毒罪的定罪条件的，以贩卖毒品罪和容留他人吸毒罪数罪并罚。因为这时行为人实施的实际上是两个行为，一个是贩卖毒品行为，另一个是容留他人吸毒行为，所以要进行数罪并罚。

实践中还有一种情形是容留近亲属吸食、注射毒品，在处理时，如果情节显著轻微危害不大，可不作为犯罪处理，需要追究刑事责任的，可以酌情从宽处罚。

（三）刑事立案标准

容留他人吸毒的行为可能涉及行政处罚，也有可能涉及刑事处罚，那么什么样的行为构成容留他人吸毒罪呢？根据《最高人民法院关于审理毒品犯罪案件适用法律若干问题的解释》第12条第1款的规定，容留他人吸食、注射毒品，具有下列情形之一的，应当依照《刑法》第354条的规定，以容留他人吸毒罪定罪处罚：

（1）一次容留多人吸食、注射毒品的；

（2）两年内多次容留他人吸食、注射毒品的；

（3）两年内曾因容留他人吸食、注射毒品受过行政处罚的；

（4）容留未成年人吸食、注射毒品的；

（5）以牟利为目的容留他人吸食、注射毒品的；

（6）容留他人吸食、注射毒品造成严重后果的；

（7）其他应当追究刑事责任的情形。

（四）刑事处罚

《刑法》第354条规定，容留他人吸食、注射毒品的，处3年以下有期徒刑、拘役或者管制，并处罚金。

四、非法提供麻醉药品、精神药品罪

张三是某公立医院的一名医生，其外甥李四系一名吸毒者。

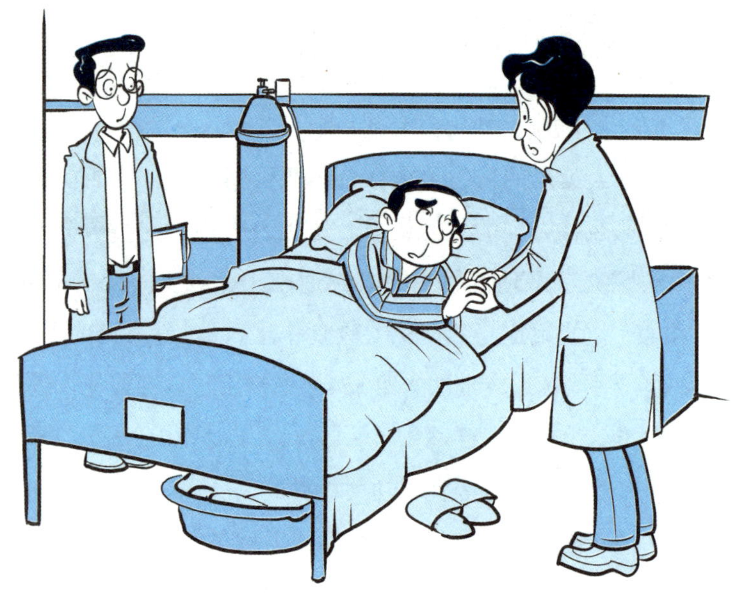

李四因买不到毒品，于是找到张三，请求张三为其提供杜冷丁。张三见李四可怜，便开具处方，无偿为李四连续提供杜冷丁供其注射。案发后，张三被警方以涉嫌非法提供麻醉药品、精神药品罪立案调查。

（一）罪名概述

非法提供麻醉药品、精神药品罪，是指依法从事生产、运输、管理、使用国家管制的麻醉药品、精神药品的人员或者单位违反国家规定，不以牟利为目的，向明知是吸食、注射毒品的人提供国家规定管制的能够使人形成瘾癖的麻醉药品、精神药品的行为。

（二）犯罪认定

案例中，张三作为一名能够开具麻醉药品、精神药品处方的医生，满足依法从事使用国家管制的麻醉药品、精神药品人员的主体身份。张三明知李四是吸毒人员，仍为其提供国家规定管制的能够使人形成瘾癖的麻醉药品杜冷丁，使杜冷丁流入吸毒人员手中，在行为实施过程中并未获利，构成非法提供麻醉药品、精神药品罪。

在实践中，应注意把握以下要点：该罪的犯罪主体是特殊主体，简单来说，不是谁都可以构成本罪，只有依法从事生产、运输、管理、使用国家管制的麻醉药品、精神药品的人员和单位可以构成本罪。这类主体与麻醉药品和精神药品的关系密切，并且是合法从事相关工作的。比如具有处方权的医生、具有生产资质的药厂等。

客观上，非法提供麻醉药品、精神药品的行为具有违法性、无偿性、对象特定性的特征。违法性，是指提供的行为是违法的，比如医生在正常医疗范围内开具处方是合法的行为，但如果超过规定要求多开了一些麻醉药品、精神药品，则具有违法性；无偿性，是指提供给吸毒人员麻醉药品、精神药品必须是无偿的，如果是有偿的，则是牟利行为，可能会构成贩卖毒品罪；对象特定性，是指提供麻醉药品、精神药品的对象必须是吸毒人员，如果提供给并不吸毒的人员则不构成此罪，而有可能触犯非法经营罪等其他犯罪。

（三）刑事处罚

《刑法》第355条规定，依法从事生产、运输、管理、使用国家管制的麻醉药品、精神药品的人员，违反国家规定，向吸食、注射毒品的人提供国家规定管制的能够使人形成瘾癖的麻醉药品、精神药品的，处3年以下有期徒刑或者拘役，并处罚金；情节严重的，处3年以上7年以下有期徒刑，并处罚金。向走私、贩卖毒品的犯罪分子或者以牟利为目的，向吸食、注射毒品的人提供国家规定管制的能够使人形成瘾癖的麻醉药品、精神药品的，依照《刑法》第347条的规定，按照走私、贩卖、运输、制造毒品罪定罪处罚。

单位犯非法提供麻醉药品、精神药品罪的，对单位判处罚金，并对其直接负责的主管人员和其他直接责任人员，依照前述规定处罚。

一、单选题

1.贩卖毒品罪的犯罪主体是已满（　　）具有刑事责任能力的人。

A.18周岁　　B.16周岁　　C.14周岁　　D.12周岁

2.下列哪项不属于运输毒品罪和贩卖毒品罪的区别表现？（　　）

A.犯罪主体不同　　B.刑事处罚不同

C.对毒品占有状态不同　　D.行为方式不同

3.非法持有毒品罪是指明知是毒品而非法持有并且数量（　　）的行为。

A.较少　　B.大　　C.少　　D.较大

4.非法种植罂粟或者其他毒品原植物，在收获前自动铲除的，可以（　　）。

A.从轻处罚　　B.判处缓刑

C.减轻处罚　　D.免除处罚

5.引诱、教唆、欺骗他人吸毒罪的犯罪对象是（　　）。

A.涉毒犯罪嫌疑人　　B.禁毒警察

C.本无意吸毒的人　　D.社区戒毒人员

二、多选题

6.毒品犯罪的处罚原则是（　　）。

A.认罪认罚从宽原则　　B.注重经济处罚原则

C.区别对待原则　　D.从严处罚原则

7.制造毒品罪的客观方面一般表现为（　　）。

A.掺杂掺假　　B.从毒品原植物中提炼

C.改变毒品形状　　D.利用化学方法制造

8.下列哪些情形，应当以容留他人吸毒罪定罪处罚？（　　）

A.以牟利为目的容留他人吸食、注射毒品的

B. 容留他人吸食、注射毒品造成严重后果的

C. 容留未成年人吸食、注射毒品的

D. 一次容留多人吸食、注射毒品的

9. 下列说法正确的是（　　）。

A. 非法持有冰毒10克以上，构成非法持有毒品罪

B. 制造毒品罪与贩卖毒品罪的刑事处罚是相同的

C. 国家不允许个人非法种植毒品原植物

D. 走私、贩卖、运输、制造毒品，无论数量多少，都应当追究刑事责任

10. 下列说法错误的是（　　）。

A. 强迫未成年人吸食、注射毒品的，从重处罚

B. 对多次走私、贩卖、运输、制造毒品，未经处理的，毒品数量分别计算

C. 走私毒品罪的犯罪主体是一般主体，即年满14周岁的具有刑事责任能力的人

D. 走私、贩卖、运输、制造毒品的行为，最高可判处死刑

三、判断题

11. 留学生小明将大麻从加拿大携带入境，分发给东北的老乡，构成运输毒品罪。（　　）

12. 构成走私毒品罪、非法持有毒品罪对毒品数量没有要

求。(　　)

13. 小张是一名大学数学老师，可以成为非法提供麻醉药品、精神药品罪的犯罪主体。(　　)

14. 行为人以强迫他人吸食毒品为手段企图杀死他人的，应当以故意杀人罪论处。(　　)

15. 张三帮吸毒人员李四代购毒品，买毒品花了2000元，但是张三向李四索要了3000元，张三构成贩卖毒品罪。(　　)

参考答案

1.C　2.B　3.D　4.D　5.C

6.BCD　7.BD　8.ABCD　9.ABCD　10.BC

11.×　12.×　13.×　14.√　15.√

第五章　毒情与禁毒工作

第一节　毒情概述

一、全球性的毒源地

毒源地是毒品来源地的简称，一般是指毒品的产地和源头。一些地区能够成为全球性的毒源地，足见其对毒品形势的重要影响。目前国际公认的世界三大毒源地分别是金三角、金新月、银三角。

（一）金三角

金三角是大家比较熟悉的一个毒源地，我们经常在影视剧中看到“金三角”这个神秘地名。金三角，是指位于东南亚泰国、缅甸和老挝三国边境地区的一个三角形地带，是世界上主要的毒品产地和供应地，被称为盛产鸦片的“宝地”。

（二）金新月

金新月位于阿富汗、巴基斯坦和伊朗三国的交界地带，因形似新月，所以叫作金新月，其是仅次于金三角的鸦片和海洛因生产基地。

（三）银三角

银三角是位于南美洲哥伦比亚东南部、秘鲁东部、玻利维亚北部的一个边境地区。银三角和金三角、金新月这两个毒源地生产的毒品不同，这里盛产的毒品类型为可卡因、大麻。

据联合国统计，秘鲁、哥伦比亚和玻利维亚三国的可卡因产量占全球总量的98%以上，全球古柯种植面积中，秘鲁占到约一半，哥伦比亚和玻利维亚各占约四分之一。[①]

毒源地的形成、发展与历史演变、地理环境、管理力度等方面都有着密切的联系。目前这三大毒源地依然对全球毒品形势产生着重大影响。

二、我国毒情发布制度

目前，我国有两个报告可以作为了解禁毒工作、掌握毒情形势的权威参考：一个是《中国禁毒报告》，另一个是《中国毒情形势报告》。这两个报告都是由国家禁毒委员会办公室发布的。

《中国禁毒报告》从1998年就开始发布，包含大量的图片和文字内容，并且有中文、英文版本，这是国际社会了解

① 《综述：毒品问题已成哥伦比亚顽疾》，载凤凰网，https://news.ifeng.com/a/20150626/44051285_0.shtml，最后访问日期：2022年11月20日。

中国禁毒工作的主要途径。《中国毒情形势报告》原名称为《中国毒品形势报告》，于2015年首次发布，2020年更名为《中国毒情形势报告》，截至2022年，一共发布了8份年度报告。

《中国禁毒报告》和《中国毒情形势报告》在内容上有什么主要区别呢？因禁毒工作涉及范围更广，《中国禁毒报告》的内容更为丰富，包括毒品形势、禁毒宣传教育活动、典型案例等，并且有大量的图片；《中国毒情形势报告》则较为简短，且全部为文字内容，内容一般只包括毒品滥用、毒品来源以及毒品贩运三个方面。

第二节 我国禁毒工作

一、禁毒工作概述

（一）禁毒工作方针

1991年6月，国家禁毒委员会召开第一次全国禁毒工作会议，首次提出我国的禁毒工作方针，即“禁贩、禁种、禁吸并举，堵源截流，严格执法，标本兼治”，为随后的禁毒工作提供了强有力的指导。1999年8月，国家禁毒委员会召开全国禁毒工作会议，针对一些地方制毒犯罪突出的情况，及时调整禁毒工作方针，将“禁制”纳入禁毒工作方针，故形成了1999年禁毒工作方针，即“禁吸、禁贩、禁种、禁制并举，堵源截流，严格执法，标本兼治”。2004年6月，国家禁毒委员会召开全国禁毒工作会议，对1999年禁毒工作方针进行了调整，即“禁吸、禁贩、禁种、禁制并举，预防为本，综合治理”，强调毒品预防工作的重要性，认识到禁毒工作是系统性的工程，不能仅靠打击和严禁手段，更需要综合运用社会、经济、文化等各方面的力量，形成多元禁毒主体共同参与的新局面。

2008年6月1日，《禁毒法》正式实施，这是我国禁毒法治建设史上的重要里程碑，标志着我国禁毒工作步入法治化的轨道。在《禁毒法》中，我国的禁毒工作方针再次进行了调整，更加强调预防工作的重要性，即“预防为主，综合治理，禁种、禁制、禁贩、禁吸并举的方针”。

（二）禁毒工作任务

1. 打击毒品违法犯罪活动。如公安机关查获吸毒人员，打击走私、贩卖、运输、制造毒品犯罪案件等，这也是禁毒工作的首要任务。

2. 开展毒品预防教育，加强禁毒宣传。禁毒方针要求预防为主。实践中，毒品案件越来越多，吸毒人员数量也在不断增长，单靠打击工作无法根治毒品问题。为此，必须加强毒品预防教育，压缩毒品市场，从需求层面减少吸毒人员，进而减少毒品交易。

3. 开展戒毒康复工作。针对已经形成毒瘾的人员进行戒毒康复，使其摆脱毒品危害，重新回归社会。

4. 加强禁毒队伍建设。如加强对禁毒警察的保障，加强禁毒志愿者和禁毒社工队伍建设等，这是禁毒工作发展的人力资源保障。

5.加强禁毒国际合作。毒品问题是全球性问题，需要国际社会共同努力，禁毒工作中涉及很多国际合作问题，需要各国共同应对。

二、我国的禁毒机构

（一）国家禁毒委员会

国家禁毒委员会，是我国最高的禁毒领导机构，成立于1990年，每年都会召开全体会议。国家禁毒委员会的职责主要是负责研究制定禁毒方面的重要措施和政策，协调有关毒品的重大问题，统一领导全国的禁毒工作。此外，根据国务院授权，负责组织开展禁毒国际合作，履行国际禁毒公约义务等。

目前国家禁毒委员会建立了10个工作小组，分别是禁毒宣传教育工作小组、缉毒侦查情报工作小组、禁吸戒毒工作小组、社区药物维持治疗工作小组、麻醉药品和精神药品管理工作小组、易制毒化学品管制工作小组、解决境外毒源地问题基本政策研究工作小组、境外罂粟替代种植和发展替代产业工作小组、涉毒反洗钱工作小组以及互联网禁毒工作小组。通过这些工作小组的设立，在一定程度上可以看出我国当前禁毒工作的重点任务与工作方向。

国家禁毒委员会在公安部设立国家禁毒委员会办公室作为办事机构，承担全国禁毒的指导、协调等工作，具体的工作由公安部禁毒局来承办。

（二）公安部主管的禁毒机构和社会团体

1.公安部禁毒局，主管全国的禁毒工作，职责包括：掌握毒品违法犯罪活动动态，拟订预防、打击对策；组织、指导、监督对毒品犯罪案件的侦查工作；组织、协调、指导地方公安机关开展吸毒人员管理工作；承办国际禁毒事宜；等等。

2.公安部禁毒情报技术中心，成立于2008年6月26日，承担着禁毒情报收集研判和毒品鉴定科研等重要职责，既是技术研究部门，也是实战实体单位，是我国禁毒情报科技领域专业最全、实力最强的权威机构。

3.国家毒品实验室，成立于2008年6月26日，隶属于公安部禁毒情报技术中心；2010年9月，正式开始运行，是毒品鉴定领域的权威机构，国内许多疑难复杂的毒品案件都是在此做鉴定。目前国家毒品实验室已具备剖析各类主要毒品的能力，正为毒情研判和串并案件提供数据支持。

4.中国禁毒基金会，是全国性公募基金会，由公安部主管，承担着资助、奖励、抚恤以及支持禁毒科研活动等职责。

（三）地方禁毒机构

省级禁毒部门一般叫作某省公安厅禁毒总队、禁毒局或者某省禁毒办。市级禁毒部门一般叫作某市公安局禁毒支队，也有的叫某市禁毒局或禁毒办。县级禁毒部门一般叫作某县公安局禁毒大队，承担打击毒品犯罪的职责，一些县级地区还设置了禁毒办，承担协调、联络等职责。

三、禁毒专项行动

禁毒专项行动一定意义上代表着禁毒工作的重点内容与导向，对于了解我国禁毒工作具有十分重要的作用。我们先来认识一下禁毒工作中的一些代号，如“4·14”“5·14”“6·27”“8·31”，这些代号分别是什么意思呢？

（一）“4·14”

“4·14”，是指联合打击制毒犯罪专项行动。自2015年4月以来，公安部组织全国多个省、区、市公安机关开展“4·14”专案工作，我们经常会在禁毒新闻中看到“4·14”专案。

（二）“5·14”

“5·14”，是指堵源截流专项机制，这是为了遏制金三角的毒品入境，提升全国堵截毒品能力水平而开展的一项专项行动。该行动于2015年部署，目前取得了丰硕的成果。

（三）“6·27”

“6·27”，是指全国青少年毒品预防教育工程。2015年6月25日，习近平总书记会见全国禁毒工作先进集体代表和先进个人时强调，禁毒工作要从青少年抓起。随后国家禁毒委员会在全国范围内开展了以青少年毒品预防教育，特别是针对在校学生的以毒品预防教育为主题的宣传教育活动。“6·27”工程是一个包含具体措施、目标和考核办法的三年规划，其内容包括在小学五年级至高中二年级每学年安排至少一个课时的专题毒品预防教育课等。

（四）“8·31”

“8·31”，是指社区戒毒、社区康复工程，是为了帮助吸毒人员戒除毒瘾、回归社会而开展的一项专项行动，从2015年开始实施，国家禁毒委员会为此制定了全国社区戒毒、社区康复工作五年规划。

（五）“禁毒2018两打两控”专项行动

除此之外，禁毒实践中还有其他一系列的专项行动，比如“禁毒2018两打两控”专项行动。这是2018年开始部署的一项专项行动，目的是打击制毒犯罪、打击贩毒犯罪和管控制毒物品、管控吸毒人员，又被称为“两打两控”。

（六）禁毒重点整治

禁毒重点整治工作，就是实践中常说的对毒品问题严重地区挂牌治理，目的是抓住重点地区、开展重点整治、解决突出问题。禁毒重点整治工作是在2015年全国禁毒重点整治工作会议——“惠东会议”后在全国范围内部署开展的。

（七）百城禁毒会战

这场专项行动从2014年10月开始至2015年3月结束，以109个重点城市为主战场，取得了突出的战果。百城禁毒会战期间，全国共破获毒品犯罪案件11.5万余起，抓获毒品犯罪嫌疑人13.3万余名，查处吸毒人员60.6万人次，缴获毒品43.3吨。[①]

（八）网络扫毒专项行动

网络扫毒专项行动自2015年4月开始，为期3个月，主要是解决网络涉毒相关违法犯罪问题。国家禁毒委员会于同年5月成立了互联网禁毒工作小组，这是我国建立的第一个多部门参加的打击互联网违法犯罪活动长效工作机制。

① 《百城禁毒会战收官　破获毒品犯罪案件11.5万余起》，载中国政府网，http://www.gov.cn/xinwen/2015-04/15/content_2847288.htm，最后访问日期：2022年11月10日。

四、国际禁毒日

国际禁毒日是禁毒工作中最为重要的一个节日。每年6月26日是国际禁毒日，国际禁毒日也被称作国际反毒品日。每年6月左右，全国各地、各部门都会开展一系列毒品预防教育活动，就是为了迎接国际禁毒日。

（一）国际禁毒日的由来

国际禁毒日是怎么来的呢？这跟联合国有很大的关系。1987年6月12日至26日，联合国在维也纳召开麻醉品滥用和非法贩运问题部长级会议，这是一个关于毒品问题治理的会议。会议由138个国家的3000多名代表参加。在会上，参会代表提出了“爱生命，不吸毒”的口号，并且一致同意将每年6月26日定为国际禁毒日，以此引起世界各国对毒品问题的重视，同时号召全球人民广泛参与，共同解决毒品问题。从那以后，每年“6·26”国际禁毒日前后，全球范围内都会举办禁毒宣传活动，这个节日也就慢慢被大家所熟知了。

（二）国际禁毒日的主题

从1992年起，每年的国际禁毒日都会确定一个主题，从主题我们可以看出当年毒品问题的重点是什么，或者说各国都在关注禁毒的哪些领域。我们来看几个典型的主题。

2002年，国际禁毒日的主题为“吸毒与艾滋病”。吸毒与艾滋病之间具有天然密切的联系，吸毒行为极易导致艾滋病，艾滋病也会加重吸毒行为的后果，社会危害性更大。所以禁毒防艾工作一直以来都是各国禁毒工作的重点。

2011年，国际禁毒日的主题为“青少年与合成毒品”，关注青少年滥用合成毒品问题。合成毒品在包装、形状上五光十色，难以分辨，契合了青少年追求刺激、尝试新鲜事物的心理，并且通过网络、快递物流等方式销售和运输，给查处工作带来了难题。所以，青少年与合成毒品是禁毒工作需要关注的重点问题。

2022年，国际禁毒日的主题为“健康人生、绿色无毒”。毒品不但会摧残人的肌体，还会使人人格扭曲、道德沦丧，进而摧毁幸福美满的家庭，影响社会的和谐与稳定。我们要拒绝毒品，拒绝各种诱惑，战胜各种困难，筑牢禁毒的思想防线，切勿轻易尝试第一口。

每年国际禁毒日前后，我国各地都会举办一系列禁毒宣传活动，比如公安机关会组织一些大型的宣传活动，包括通报案件情况、公开销毁毒品、禁毒进校园等，目的就是让更多的人了解毒品危害，关注禁毒工作，并且参与到禁毒工作中来。除此之外，各级禁毒委员会的成员单位也会结合自身业务开展一系列宣传活动，比如最高人民法院会在国际禁毒日前后发布人民法院禁毒工作白皮书，对于我们了解毒品案件审判、毒品典型案例等都有非常重要的参考意义。

了解了国际禁毒日的由来，希望你能更加关注禁毒工作，每年6月26日，请多多留意禁毒宣传活动，来当一名禁毒宣传员吧！

每年6月26日是国际禁毒日。禁毒是全社会的共同责任，我们要养成健康的生活方式，坚决向毒品说“不”。

知识测试

一、单选题

1. 禁毒实践中，“4·14”行动指的是（　　）。

   A. 联合打击制毒犯罪专项行动

   B. 社区康复工程

   C. 涉毒反洗钱专项行动

   D. 网络扫毒专项行动

2. 禁毒实践中，“6·27”工程指的是（　　）。

   A. 社区戒毒、社区康复工程

B. 国际禁毒日

C. “两打两控”专项行动

D. 全国青少年毒品预防教育工程

3. 禁毒工作中，负责协调、联络禁毒委员会成员单位的工作部门被称为（　　）。

A. 综治办　　B. 禁毒工作领导小组

C. 禁毒局　　D. 禁毒委员会办公室

4. 国际禁毒日是每年（　　）。

A. 6月26日　　B. 6月25日

C. 6月27日　　D. 6月24日

二、多选题

5. 下列属于全球性毒源地的是（　　）。

A. 银三角　　B. 金新月　　C. 地中海　　D. 金三角

6. 我国现行的禁毒方针为（　　）。

A. 全民禁毒

B. 综合治理

C. 预防为主

D. 禁种、禁制、禁贩、禁吸并举

7. 下列属于国家禁毒委员会建立的工作小组的是（　　）。

A. 涉毒反洗钱工作小组　　B. 互联网禁毒工作小组

C. 禁毒宣传教育工作小组　　D. 禁吸戒毒工作小组

8. 下列属于公安部主管的禁毒机构的是（　　）。

A. 公安部经侦局　　B. 公安部禁毒局

C. 国家毒品实验室　　D. 中国禁毒基金会

三、判断题

9.《中国禁毒报告》与《中国毒情形势报告》是一回事。（　　）

10. 禁毒工作是公安机关的事情，与我们普通大众并无关系。（　　）

参考答案

1. A　2. D　3. D　4. A

5. ABD　6. BCD　7. ABCD　8. BCD

9. ×　10. ×